I0149541

MÁS ALLÁ DEL LIDERAZGO

PRINCIPIOS PARA SER MUCHO MÁS QUE UN LÍDER

MÁS ALLÁ DEL LIDERAZGO

PRINCIPIOS PARA SER MUCHO MÁS QUE UN LÍDER

NIKHOS IDEAS

IDEAS QUE TRANSFORMAN GENTE

© 2016 **Nikhos Ideas, Inc.**
14850 SW 26th Street, Suite 109
Miami, Florida 33185
Tel: (305) 408-7298
Fax: (786) 533-3124
www.nikhosideas.org

Este es un libro producido por:
Nikhos Editorial y **Nikhos Art**
(Divisiones de Nikhos Ideas, Inc.)

Corrección: Marta de Cipolla
Edición: Raquel Delgado
Corrección final: Mariel Cipolla

Idea de Portada: Ariel Cipolla
Colaboración en Interior: Adan Huerta
Diseño de Portada e Interior: Horacio Ciccia

Reservados todos los derechos. Ninguna parte de este libro puede reproducirse en ninguna forma sin el permiso escrito de Nikhos Ideas, Inc.

Salvo en los casos en que se indiquen otras versiones, todas las citas bíblicas se han tomado de La Santa Biblia, Nueva Versión Internacional, NVI, Copyright © 1999 Bíblica, Inc. Usada con permiso. Todos los derechos reservados.

ISBN # 978-1-955588-12-6

E-ISBN # 978-1-955588-13-3

2ª Edición

ÍNDICE

INTRODUCCIÓN

Existen congresos, seminarios, cursos, talleres, conferencias, libros, técnicas, métodos y mucho más, enfocados a la capacitación de personas para que desarrollen un mejor liderazgo. Se dice que el éxito o el fracaso de un proyecto dependen exclusivamente de su liderazgo. En el ámbito cristiano se habla de Jesús como el mayor y el mejor de los líderes.

¿Alguna vez te preguntaste si el liderazgo es el punto más alto al que puedes aspirar? ¿Será la intención de Dios que llegues a ser un excelente líder, o su pensamiento va más allá de esta meta? Al introducirte en el desarrollo de este manual, ampliarás tu panorama del excelente camino que el Señor ha trazado para ti. Nuestro deseo es que puedas descubrir por la Palabra la verdadera intención de Dios para sus hijos, que va *más allá del liderazgo.*

Este manual se compone de tres secciones divididas en temas afines. Está desarrollado a través de un práctico sistema de selección de respuestas, lo que hará más didáctica y comprensible la enseñanza. Descubrirás que algunas de tus respuestas se convertirán en definiciones breves de los temas tratados. La unión de algunas de esas definiciones formará lo que hemos denominado *concepto aplicable hoy,* el cual resume la idea general de cada enseñanza. Toda vez que aparezcan los términos *el colaborador* o *un colaborador,* estamos refiriéndonos genéricamente al ser humano y no al género masculino exclusivamente.

Hemos utilizado la Nueva Versión Internacional de la Biblia, con excepción de aquellos casos donde se mencionan otras versiones, ya que por lenguaje y estilo la hemos encontrado más adecuada para el desarrollo del trabajo que estamos presentando. Por lo tanto, utiliza la Biblia NVI para leer todos los pasajes citados.

Dedicamos este trabajo a quienes invierten sus vidas en otros, sembrando en ellos los principios del Reino de los cielos.

Daniel Dardano   *Daniel Cipolla*   *Hernán Cipolla*

LA
PLATAFORMA
DE UN
COLABORADOR

EL TESORO
DE DIOS

UNIDAD 1

OBJETIVO

Que la Iglesia se afirme en su identidad, reconociendo que está llena de gracia y autoridad para manifestar el Reino de los cielos en la Tierra.

ORACIÓN

A ti, Dios eterno, inmortal e invisible, sea todo honor y toda gloria. Te agradecemos por Jesucristo, quien nos hizo reyes y sacerdotes para ti. Te pedimos que toda tu Iglesia reconozca la dimensión de autoridad que le has concedido, para experimentarla cada día. Padre, declaramos que tu pueblo está firme en la gracia y la paz de Cristo. En el nombre de tu Hijo Jesús, amén.

DESDE POSESIÓN HASTA REINO

El ser humano fue creado por Dios para vivir en intimidad con Él. Adán y Eva fueron los primeros que tuvieron esta experiencia y disfrutaron de libertad para manifestar la autoridad y el gobierno del Señor sobre la Tierra. El deseo de Dios siempre ha sido que todo ser humano viva de esta manera.

En un momento de la historia, Dios eligió a Israel como su pueblo para que manifestara el gobierno divino en la Tierra. El propósito del Señor con los israelitas fue muy definido; por tal motivo, les enseñó que, si oían y obedecían su voz, recibirían un reconocimiento especial.

El proyecto de Dios con Israel se puede resumir en tres definiciones específicas. Una vez que las identifiques, podrás completar el primer *concepto aplicable hoy.*

DEFINICIÓN 1

1.

De acuerdo con Deuteronomio 7:6 y 14:2, selecciona la única frase que se repite en ambos versículos, y expresa que Dios eligió a su pueblo para que fuera algo especial para Él:

|____ **Pueblo consagrado**

|____ **Posesión exclusiva**

|____ **Pueblo santo**

Posesión exclusiva es sinónimo de propiedad personal, pertenencia, o tesoro especial. Hablar de tesoro es hablar de algo valioso. Una persona podría empeñar sus posesiones con tal de obtener un tesoro muy valioso. Para Dios, nada tiene más valor que las personas; debido a que este pensamiento divino es una verdad absoluta, debería regir los pensamientos humanos.

La gran diferencia entre los tesoros de los seres humanos y los de Dios es que los primeros suelen ser objetos materiales, en cambio los segundos siempre son las personas. En resumen, Dios atesora para sí a los seres humanos como su posesión exclusiva.

El Señor ha declarado hoy que tú eres su pueblo, su tesoro especial,
tal como lo prometió, y que debes obedecer todos sus mandatos.
Si lo haces, él te pondrá muy por encima de todas las otras naciones que creó.
Entonces recibirás alabanza, honra y fama.
Serás una nación santa para el Señor tu Dios, tal como lo prometió.

Deuteronomio 26:18-19, NTV, (énfasis añadido).

2.

Elige las tres palabras que expresen lo que Dios le da a un pueblo que es de su posesión exclusiva:

a. Alabanza

b. Homenaje

c. Honra

d. Fama

e. Reverencia

3.

No hay distinción sin condición. Destaca la frase que muestra la condición que el Señor requería de Israel, para darle *alabanza, honra y fama*:

a. Ofrecerle sacrificios

b. Obedecer todos sus mandatos

c. Ayunar y orar a Él

Cuando Dios toma para sí personas como posesión exclusiva, las distingue con alabanza, honra y fama; el requisito es que lo obedezcan.

DEFINICIÓN 2

4.

En Éxodo 19:4-6, hay una frase que combina la idea de reinado con una función de servicio que el Señor anhelaba para Israel. ¿Cuál es?

|____ **Propiedad exclusiva**

|____ **Reino de sacerdotes**

|____ **Nación santa**

El sacerdote del Antiguo Testamento era importante para Dios, considerado como su siervo personal, cuya vida estaba centrada en el Señor y en el servicio que le ofrecía a Él. Con base en este concepto, el Señor utilizó la frase *reino de sacerdotes* para describir la función sobresaliente que Él le otorgaría a su pueblo.

La expresión *"... los he traído hacia mí como sobre alas de águila"* (énfasis añadido) demuestra que el deseo de Dios era que todo Israel disfrutara de una permanente intimidad con Él. Además, anhelaba que los israelitas se vieran a sí mismos como un reino de sacerdotes, evidenciando a las demás naciones de la Tierra que Dios reinaba sobre ellos.

DEFINICIÓN 3

5.

Según Deuteronomio 28:9-10, ¿qué verían las demás naciones sobre Israel, para que la reconocieran como "el pueblo del Señor"?

____ **La ira de Dios**

____ **La omnipotencia de Dios**

____ **El gobierno de Dios**

Es indudable que Israel disfrutaba de una distinción: el Señor estaba sobre la nación para gobernarla. Este sería el fundamento para que recibiera el respeto y el reconocimiento de las demás naciones. *El gobierno de Dios* sobre Israel sería la evidencia que la haría única y diferente de todos los demás pueblos.

Para que estas tres definiciones se transformen en un *concepto aplicable hoy*, es imprescindible cruzar el puente de la obra completa de Cristo Jesús, y ver el plan de Dios en el Nuevo Pacto.

LAS TRES DEFINICIONES EN EL NUEVO PACTO

6.

Después de leer 1ª Pedro 2:9, selecciona la frase bíblica equivalente a *posesión exclusiva*:

a. Pueblo que pertenece a Dios

b. Linaje escogido

7.

Con base en el pasaje anterior, elige la frase bíblica que es sinónimo de *reino de sacerdotes*:

a. Nación santa

b. Real sacerdocio

8.

Según Hechos 2:47, ¿de qué disfrutaban los primeros cristianos por vivir bajo el gobierno de Dios?

a. Un mayor sentido de comunión

b. La estimación general del pueblo

El plan original de Dios desde el principio de los tiempos es reafirmado y elevado a una nueva dimensión, gracias a Jesucristo y a su obra. *Aquello que inició siendo solamente para una nación, ahora puede ser experimentado por todo ser humano en Cristo Jesús. Un pueblo que* pertenece a Dios es su *posesión exclusiva*, conformado por un *reino de sacerdotes* que, siendo equipado por el Cristo resucitado y ascendido, ejerce una autoridad de *real sacerdocio* y manifiesta el *gobierno de Dios*, produciendo la *estimación general del pueblo*.

Habiendo considerado todo lo anterior, estás en condiciones de completar el primer concepto aplicable hoy. Recuerda que para completar el concepto debes utilizar las *definiciones* que seleccionaste anteriormente.

PRIMER CONCEPTO APLICABLE HOY

"Un pueblo que es

_____ _____ de Dios

está conformado por un

_____ ____ _____,

por quienes se manifiesta en el mundo

____ _____ _____ _____".

Declaración para la Iglesia de Jesucristo, que va *más allá del liderazgo:*

Declaramos que la Iglesia se reconoce como posesión exclusiva del Señor, para mostrar a los pueblos el gobierno de Dios en la Tierra.

PROYECTO
COLABORADORES UNIDAD 2
PARTE 1

OBJETIVO

Que la Iglesia se consolide en el plan de Dios, que va más allá de la salvación.

Padre, te agradecemos por habernos dado tu Espíritu Santo, quien día a día nos revela a Jesucristo. Te pedimos que tu Iglesia alcance una madurez plena, de manera que cada miembro del cuerpo aprenda a renunciar a su propia voluntad, para cumplir solo la tuya en este mundo. Que al entender tu plan para la humanidad, la Iglesia sea impulsada a manifestar tu Reino a cada momento y en todo lugar. Padre, declaramos que tu pueblo está firme en la gracia y la paz de Cristo. En el nombre de tu Hijo Jesús, amén.

ORACIÓN

BASE DEL PLAN

A la luz del Nuevo Testamento percibirás que Dios tiene un plan concreto con la humanidad, que va más allá de la salvación. Para entender la manera en que el Señor lo diseñó, necesitas analizar cuatro puntos fundamentales que son parte del plan. En esta unidad verás los primeros tres puntos que conforman la *base del plan* y en la siguiente unidad observarás el último punto que muestra el *objetivo del plan*.

1 – UN REINO ÚNICO PARA MANIFESTAR

A continuación observarás algo trascendental contenido en las primeras palabras públicas de Jesús al iniciar su ministerio en el mundo.

1.

De acuerdo con Mateo 4:17, y según lo que Jesús predicó, ¿qué se había acercado a la Tierra?

a. El Reino de los cielos

b. La filosofía del Reino

Cuando Jesús dijo que el Reino de los cielos se había acercado, dio a entender que Él mismo era la manifestación plena de ese Reino, de manera palpable. Por esa razón, todas las acciones de poder y autoridad que Él realizó, mostraron cómo se vive en el Reino. Aquellos que percibieron la grandeza del Reino reflejada en Jesús, pudieron decidir sujetarse voluntariamente al gobierno de Dios.

Las señales y los milagros, aunque tienen relación con el Reino, podrían ser realizados por personas que no pertenecen a él (ver Mateo 7:21-23). Esto significa que el fundamento para manifestar el Reino no es la realización de obras milagrosas. Jesús mostró el Reino no solamente por sus obras, sino también por vivir sujeto al Padre, a su gobierno y a su voluntad. El efecto transformador que Jesús produjo en las personas se debió a que expresó el Reino en su manera de vivir, y no solamente a través de prodigios.

A continuación verás desarrolladas cuatro particularidades a través de las que podrás llegar a una comprensión fundamental del Reino.

PRIMERA PARTICULARIDAD: **EL REINO EXPRESA LA VOLUNTAD DE DIOS**

2.

Según Mateo 6:10, ¿cómo puedes identificar que el Reino de los cielos viene a la Tierra?

a. Solo se hace la voluntad de Dios

b. Todas las personas son salvas

El Reino de los cielos expresa el cumplimiento pleno de la voluntad, el propósito, el designio y la determinación de Dios. Ahora bien, que el Reino de los cielos venga a la Tierra no se debe confundir con el establecimiento de ese Reino de manera global y absoluta en el presente, ni con la erradicación del pecado en el mundo. El Reino llega a la Tierra cuando se hace real en la vida de las personas que deciden entregarse a Cristo y vivir bajo su gobierno.

Quienes nacen de nuevo y son salvos, entran al Reino. Pero eso no garantiza que los creyentes experimenten la perfecta voluntad de Dios en todo. El creyente tiene su propia voluntad y, a su vez, debe hacer la voluntad de Dios. En tal caso, ¿qué ocurre cuando hay dos voluntades en juego? Una de ellas debe ceder. Si en el Reino se hace exclusivamente la voluntad de Dios, entonces es indispensable que el creyente renuncie a su propia voluntad. Siendo así, la manifestación del Reino de Dios en la Tierra no depende de la cantidad de personas salvadas, sino de que la voluntad de Dios sea la *única voluntad* en la vida de quienes pertenecen al Reino.

SEGUNDA PARTICULARIDAD: **EL REINO TIENE UN ORDEN DE AUTORIDAD**

Medita en la enseñanza contenida en 1ª Corintios 15:24-28 y selecciona las respuestas correctas:

3.

¿Quién ejercerá el reinado hasta el fin y a quién le entregará el Reino?

a. Dios, y no se lo entregará a nadie

b. Cristo, y se lo entregará a Dios el Padre

c. Dios, y se lo entregará a Cristo

4.

¿De quién recibe Cristo la autoridad que lo habilita para poner a todos sus enemigos debajo de sus pies y por qué?

a. De sí mismo, porque obtuvo la victoria

b. De Dios el Padre, quien sometió todo al dominio de Cristo

5.

Regularmente, un rey no está bajo la autoridad de nadie. ¿Qué encuentras de particular en el Reino de los cielos?

a. Que el rey está bajo autoridad

b. Que el rey no está bajo ninguna autoridad

c. Que no existe autoridad

6.

¿Qué propósito tiene respetar este orden de autoridad?

a. Saber quién tiene la máxima autoridad

b. Que Jesucristo sea reconocido Rey

c. Que Dios sea todo en todos

Este pasaje es muy interesante y contiene una enseñanza profunda. Sin embargo, el objetivo aquí no es hacer un análisis exhaustivo, sino que te enfoques en un principio espiritual relevante acerca de la autoridad y la sujeción en el Reino de Dios. Es por eso que todas las preguntas tuvieron la finalidad de mostrarte este principio espiritual.

La enseñanza señala que es necesario que Cristo reine hasta poner a todos sus enemigos debajo de sus pies. Entonces vendrá el fin, y Cristo le entregará el Reino a Dios el Padre. Este hecho es revelador, porque muestra que Cristo ejerce la función de Rey bajo la autoridad de Dios, quien además sometió todo al dominio de Cristo. Sin esta acción de Dios, Cristo no podría poner a sus enemigos debajo de sus pies, aunque sea el Rey. Cuando la Palabra expresa esta verdad, hace una aclaración; el *todo* que está sometido a Cristo no incluye a Dios mismo. Esto demuestra que Cristo, siendo el Rey del Reino de los cielos, se sujeta a la autoridad del Padre. Es evidente que la sujeción de Cristo al Padre es voluntaria y absoluta. *Solo esta clase de sujeción a la autoridad libera la plena manifestación de la vida del Reino.*

Cuando todo quede bajo el dominio de Cristo, el Hijo se someterá a Dios Padre, de quien recibió la autoridad. Hay que recordar que Dios es uno solo, y se expresa en tres manifestaciones, el Padre, el Hijo, y el Espíritu Santo. Cada una de estas manifestaciones de Dios tiene asignada una función. Así que el sometimiento está relacionado con la función y no con jerarquías en la divinidad, porque si las hubiera, entonces Dios no sería uno. En definitiva, el Hijo se someterá al Padre para que se cumpla un objetivo supremo: *que Dios sea todo en todos.*

Hay muchas lecciones que se pueden aprender de esta enseñanza, pero es necesario resaltar algunas que son fundamentales. El Reino tiene un orden de autoridad que Cristo y el Padre respetan. Si Dios actúa así, cuánto más deben hacerlo quienes están bajo su autoridad. Además, si Cristo como Rey expresa una sujeción ejemplar al Padre, toda persona que entra al Reino debe tener ese mismo entendimiento de autoridad y, por lo tanto, practicar esa misma clase de sumisión.

TERCERA PARTICULARIDAD: EL REINO TIENE BUENAS NOTICIAS

7.

Por la enseñanza de Lucas 8:1 y Juan 3:5, deduce qué predicó Jesús y qué se requiere para entrar al Reino:

a. La salvación y la fe

b. Las buenas nuevas y el nuevo nacimiento

Creer que Jesús vino a traer las buenas nuevas del Reino solo para salvar al ser humano y llevarlo al cielo es limitar el evangelio, su poder y su alcance. Jesús proclamó las buenas noticias con el objetivo de que el ser humano entre al Reino de los cielos para vivirlo y expresarlo en este mundo. Además, el Señor afirmó que hay una sola manera de entrar al Reino: nacer de nuevo. El nuevo nacimiento es parte esencial del mensaje del evangelio, y es una experiencia irreemplazable.

Muchas personas que creen en el evangelio no nacieron de nuevo. Creen en el evangelio como un mensaje, pero no experimentan transformación en sus vidas porque no se han entregado a Jesucristo. Él es el evangelio y el único que tiene el poder para que un ser humano nazca de nuevo del Espíritu, y entre al Reino.

CUARTA PARTICULARIDAD: EL REINO ES EL LUGAR PERFECTO PARA EL SER HUMANO

8.

Según Hebreos 12:28 ¿qué característica distintiva y única tiene el Reino?

a. Es rígido

b. Es inconmovible

9.

Mateo 6:33 establece qué se debe buscar primero:

a. El Reino de Dios

b. Tener todo lo necesario

Sin importar la magnitud y el poderío que un reino de este mundo tenga, ese reino es terrenal, temporal y pasajero. En cambio, el Reino de Dios es el único Reino celestial, atemporal y permanente. Por esta razón, este Reino es inconmovible, ya que nadie podrá destruirlo, no tendrá fin, y su dominio nunca acabará. Por estas características únicas, Dios lo ha designado como *el lugar perfecto para que el ser humano pueda echar raíces.* Cualquier asunto al que una persona le dedique su vida, tarde o temprano acabará y tendrá un fin, excepto el Reino de Dios.

El interés y la dedicación primordial de una persona se muestra en lo que busca. ¿Por qué Jesús enseñó que se debe buscar primero el Reino de Dios? Porque quien busca primero el Reino, lo considera tan exclusivo que es absorbido totalmente por sus intereses, y descarta automáticamente otros intereses. El Reino es el único lugar perfecto para el ser humano, ya que allí encuentra su plenitud. Por eso, el más excelente plan de Dios es que toda persona busque el Reino para vivirlo y manifestarlo.

2 - AGENTE DE MANIFESTACIÓN

El objetivo de Jesús durante su ministerio en el mundo fue manifestar el Reino de los cielos. Como este objetivo debía seguir cumpliéndose después de su ascensión, Él designó a un *agente* especial para que continuara manifestando el Reino en la Tierra.

10.

Según Lucas 16:16, ¿qué comenzó a anunciarse desde que Jesús vino al mundo?

a. Un mensaje positivo

b. Las buenas nuevas del Reino

11.

Para que comiences a descubrir quién es el agente que el Señor designó para manifestar el Reino, lee Mateo 13:38 y responde: ¿A quiénes representa la buena semilla?

a. A los hijos del Reino

b. A las personas piadosas

12.

¿Quiénes fueron llamados cristianos por primera vez en Antioquía y qué formaban en su conjunto, según Hechos 11:26?

a. Los discípulos quienes formaban la Iglesia

b. Los judíos que formaban una congregación

Desde que Jesús comenzó su ministerio, representó al Reino de los cielos, lo predicó, y realizó obras que lo mostraron plenamente (ver Mateo 4:17 y 9:35). Él también delegó a sus discípulos la tarea de manifestar el Reino a través de sus palabras y acciones (ver Lucas 9:1-2 y 10:1, 9). Por eso, cuando el Señor dijo: *"Desde entonces se anuncian las buenas nuevas del Reino de Dios..."*, confirmó que el Reino es todo lo que la humanidad necesita para vivir en plenitud.

Para descubrir quién es el *agente de manifestación* del Reino, tienes que entender la visión global y extensa del Señor. Jesús no tenía un plan a corto plazo; por eso no pensó que Él sería el único que mostraría el Reino en el mundo, como tampoco que los doce apóstoles serían los representantes exclusivos del Reino. Cuando Jesús explicó la parábola de la mala hierba, introdujo un nuevo concepto: los hijos del Reino. Solo sus discípulos de todos los tiempos pueden ser considerados hijos del Reino, porque lo aman, lo siguen, y pertenecen al Reino. El Señor dijo que los hijos del Reino son la *buena semilla* que Él plantó en el mundo. ¿Fue un atrevimiento de Jesús considerar a sus discípulos como una semilla, cuando esta expresión siempre se aplica a la Palabra? Aunque pareciera, no lo es. Sus palabras demuestran cuál era el plan: que sus discípulos fueran la semilla que produjera los frutos del Reino en esta Tierra, en todo tiempo.

Al ver lo que ocurrió con los discípulos en Antioquía, puedes notar que fueron reconocidos por la gente como seguidores de Cristo, y por eso los llamaron cristianos. El mismo versículo expresa que los apóstoles se reunieron con la iglesia. Entonces, ¿cuál es la palabra que identifica adecuadamente al conjunto de discípulos de Cristo? *Iglesia*. Quiere decir que *los discípulos, los hijos del Reino y la Iglesia, son las mismas personas.* Tú y cada uno de tus hermanos y hermanas en Cristo forman la Iglesia y se les ha delegado manifestar el Reino en este mundo. Todo lo anterior confirma que únicamente la Iglesia es *el agente de manifestación del Reino.*

3 - MINISTROS DESIGNADOS PARA CAPACITAR AL AGENTE

La Iglesia es propiedad absoluta de Jesucristo. Por tal razón, Él diseñó un plan para que ella, como su agente, sea capacitada.

13.

Después de leer Efesios 4:10-12, señala quiénes son los ministros allí mencionados:

a. Todos los creyentes que sean maduros espiritualmente

b. Apóstoles, profetas, evangelistas, pastores y maestros

14.

¿Quién constituyó a estos ministros?

a. La Iglesia

b. Cristo

15.

¿Qué resultado produce la labor de estos ministros?

a. Que la Iglesia esté capacitada para la obra de servicio

b. Que la Iglesia esté fortalecida para atravesar las pruebas

Cristo, como dueño y cabeza de la Iglesia, reparte sus dones de apóstol, profeta, evangelista, pastor y maestro, a personas que Él constituyó para ejercer esos ministerios. Ellos son los encargados de capacitar a la Iglesia integralmente. Esta capacitación activa a los miembros del cuerpo para que ministren a los demás de acuerdo con su función, dando como resultado una Iglesia bien preparada para realizar eficazmente cualquier tarea de servicio. Este es el plan del Señor para que su agente, la Iglesia, esté entrenada para manifestar el Reino de los cielos en la Tierra.

Declaración para la Iglesia de Jesucristo,
que va *más allá del liderazgo:*

Declaramos que la Iglesia entiende los tiempos y discierne que el objetivo del Señor para con la humanidad va más allá de la salvación. Es una Iglesia que experimenta el Reino de los cielos como su ámbito de vida, y que gracias a la capacitación de los cinco ministerios es efectiva en su labor de servicio como agente del Señor.

PROYECTO
COLABORADORES UNIDAD 3
PARTE 2

OBJETIVO

Que todos los creyentes sean colaboradores de Dios, con la meta de que Cristo se forme en las personas.

Bendito seas Dios y Padre de nuestro Señor Jesucristo, por habernos trasladado de la potestad de las tinieblas al Reino de tu amado Hijo. Te pedimos que derrames sobre tu Iglesia espíritu de sabiduría y revelación para que viva como la plenitud de Cristo y, desde esa dimensión de plenitud, se dedique a preparar colaboradores que manifiesten el Reino de los cielos en la Tierra.

Padre, declaramos que tu pueblo está firme en la gracia y la paz de Cristo. En el nombre de tu Hijo Jesús, amén.

ORACIÓN

OBJETIVO DEL PLAN

En la unidad anterior analizaste la *base del plan* de Dios con la humanidad, a través de tres puntos: *Un Reino único para manifestar, Agente de manifestación* y *Ministros designados para capacitar al agente*. En esta unidad completarás el análisis, observando el cuarto y último punto, que muestra el *objetivo del plan*.

A partir de este momento, comenzarás a comprender integralmente el propósito de este manual.

4 – TRABAJADORES COMPETENTES

Antes de introducirte de lleno en este último aspecto del plan de Dios, necesitarás examinar, desde un enfoque espiritual y bíblico, lo que hoy se conoce como liderazgo. Mientras lo hagas, descubrirás algunas facetas inusuales de este tema, que te ayudarán a comprender que es indispensable ir *más allá del liderazgo*, para conocer el objetivo del plan de Dios con la humanidad.

1.

Lee Mateo 23:1-7, 15-16, 25 y selecciona siete aspectos que describían a los maestros de la ley y a los fariseos:

a. No practicaban lo que predicaban

b. No buscaban nada para sí mismos

c. Ponían cargas pesadas sobre las personas, que ellos no querían llevar

d. Todo lo hacían para tener honor

e. Eran ejemplo en palabra y conducta

f. Buscaban que los llamen maestros

g. Merecían ser llamados maestros, porque eran líderes del pueblo

h. Trabajaban para tener adeptos, a quienes llevaban a la condenación

i. Eran guías ciegos

j. Cuidaban lo externo, pero no lo interno

Los maestros de la ley y los fariseos desarrollaban una tarea de liderazgo religioso sobre el pueblo de Israel. Su liderazgo estaba marcado por la hipocresía, acompañada de una intención egoísta que buscaba el reconocimiento personal y no el beneficio de quienes estaban bajo su influencia. Ese liderazgo era muy similar al que se practica en la actualidad en muchos ámbitos.

El uso de las palabras *líder* y *liderazgo* se ha generalizado ampliamente a nivel mundial. Desde sus orígenes, la palabra líder se ha usado para referirse a alguien que guía, dirige, orienta o conduce a un grupo de personas, remarcando su función de servicio y ayuda. Lamentablemente, en los últimos tiempos este concepto se fue deteriorando y pervirtiendo en la práctica.

Por lo general, en el mundo de hoy un líder está inspirado por un deseo de popularidad y de reconocimiento público que muchas veces lo obliga a competir. Esto mismo lo impulsa a buscar seguidores que siempre vayan detrás de él pero que nunca lo superen, porque de ser así, vería amenazadas su posición y su figura pública, las cuales debe mantener a cualquier precio. Aparenta tener un sincero interés por quienes están bajo su influencia, pero su ambición de conseguir logros a través de ellos es mayor, lo cual demuestra que ese interés no es genuino. El líder de hoy tiene como meta el éxito, que para él es más importante que las personas. Por otra parte, ¿por qué se proyecta en la mente de la gente la idea de que un líder debe ser seguido por otras personas? Porque se considera que el líder tiene una visión definida y una meta concreta que lo hace ver confiable y merece que lo sigan. Por esta razón, la figura del líder se ha vuelto tan imprescindible que cuando desaparece, la gente que iba detrás se siente desorientada y perdida, sin saber qué hacer.

Ahora bien, ¿es aceptable trasladar este modelo a la Iglesia de Jesucristo? El trabajo que realizarás a continuación, te ayudará a descubrirlo.

2.

Según Deuteronomio 13:4, ¿a quién debían seguir los israelitas?

a. A Moisés

b. Al Señor

c. A quien quisieran

3.

De acuerdo con Mateo 8:22; 9:9, ¿cuál es la palabra que Jesús le dijo a quienes querían ser sus discípulos?

a. Sígueme

b. Aprende

4.

No existe registro bíblico de que algún profeta o apóstol le dijera a la gente *sígueme*, ¿por qué crees que no lo hicieron?

a. Porque eran siervos humildes de corazón

b. Porque guiaban a la gente a seguir al Señor

Dios siempre quiso que el ser humano lo siguiera a Él y no a los hombres. El Antiguo Testamento muestra que el Señor estableció a sus siervos para que lo representen ante el pueblo; pero ellos jamás se atribuyeron el derecho de pedirles a las personas que los siguieran. Sin embargo, el Nuevo Testamento muestra que hubo alguien que sí se atrevió a pedirle a la gente que lo siguiera: Jesucristo. ¿Por qué lo hizo? Porque Él es Dios mismo hecho hombre, el único con la autoridad de decirle a la gente *síganme*. Quienes lo hicieron se convirtieron en sus discípulos.

Sin duda, el hecho de hacer que las personas sean seguidoras es uno de los aspectos más críticos de la imagen que proyecta el liderazgo actual. Con esa mentalidad equivocada, el líder ocupa un lugar indebido y se transforma en un suplantador. Piensa por un momento en el encargo más importante que el Señor delegó a los cristianos de todos los tiempos. ¿Cuál fue? Hacer discípulos de todas las naciones. Pero ¿de quién son discípulos o seguidores esos nuevos creyentes? *De Jesucristo*, y de nadie más. Cualquier creyente a quien se le delega autoridad o un ministerio dentro del cuerpo de Cristo no tiene el derecho de que las personas lo sigan. Más bien, tiene la responsabilidad de representar a Jesucristo para que los demás vean y sigan al Señor. Como autoridad espiritual debe ser ejemplo de los creyentes, mostrando una vida digna de imitar por ser un imitador de Cristo (ver 1ª Corintios 11:1, Filipenses 3:17). Es alguien que ha comprendido que los creyentes que tiene a su cuidado deben imitar su vida de fe, pero no deben seguirlo a él (ver Hebreos 6:12). En resumen, *sabe que el Señor lo puso como un ejemplo a imitar, pero nunca como un líder a seguir.*

Por medio de la Palabra de Dios y con ejemplos prácticos, confirma lo que se ha expuesto hasta aquí.

5.

De acuerdo con 1ª Corintios 1:10-12 y 3:1-4 ¿qué demostraron los corintios al hacerse seguidores de hombres, y cómo los calificó Pablo?

a. Demostraron que entre ellos había divisiones y rivalidades, porque eran inmaduros

b. Demostraron que entre ellos había un mismo sentir y pensar, porque eran maduros

6.

Según el relato de 1ª Corintios 3:5, ¿cuál fue el término que Pablo usó para referirse a Apolos y a sí mismo?

a. Servidores

b. Líderes

Tristemente, los creyentes en Corinto comenzaron a decidir a qué ministro del Señor escogerían como líder a seguir, y así se dividieron en grupos. Esta manera de actuar demostró que eran inmaduros, guiados por criterios humanos. Esto provocó rivalidades entre ellos y la ausencia de un mismo sentir y pensar. En ese estado de inmadurez, los corintios fueron incapaces de discernir que Pablo y sus compañeros eran tan solo *servidores* del Señor. La función de estos hombres era guiar, capacitar y afirmar a los creyentes, y no convertirse en líderes para que los siguieran. Este ejemplo es más que suficiente para demostrar que levantar líderes en la Iglesia para seguirlos, es opuesto a lo establecido por el Señor.

Las palabras líder, líderes y liderazgo, se han hecho muy populares y usuales para la mentalidad de la sociedad actual. Tanto es así, que se las emplea en algunas versiones de la Biblia. Los traductores han optado por incluirlas en el Nuevo Testamento para reemplazar palabras como *grande, maestro, dirigir, administrar, reconocidos, importantes, columnas, dirigentes,* y *ancianos.* En algunos de los casos se usaron para referirse a las autoridades espirituales que el Señor puso en la Iglesia. Sin embargo, *la idea de liderazgo o de líderes a quienes seguir está completamente ausente en el espíritu y la enseñanza del Nuevo Testamento.*

Es evidente que la palabra líder y el concepto de liderazgo también se incorporaron a la práctica actual de la Iglesia. Pero después de evaluar todo lo analizado, ¿cuál piensas que puede ser el efecto de seguir usando estas palabras en la Iglesia? Sin duda, el mismo que produce en la sociedad en general, aunque cueste reconocerlo. *No se puede separar una palabra o un concepto de lo que representa en la mente de las personas.*

La idea e imagen de un líder al que la gente sigue, continúan reproduciéndose en la mente de los cristianos, aun involuntariamente. Esto provoca dos consecuencias que son, al mismo tiempo, inconscientes y peligrosas. La primera es que quienes son considerados líderes cristianos adoptan una actitud de liderazgo muy similar a la practicada en el mundo, acostumbrándose a la idea de tener seguidores. La segunda es que los creyentes bajo la influencia de esos líderes quedan atrapados en una dependencia insana hacia ellos. Algunas frases "normales" en el vocabulario cristiano, sumadas a historias reales dentro de la Iglesia, confirman estas consecuencias. Algunos ejemplos:

- Líderes cristianos que suelen llamar "mi gente" a las personas que entrenan y dicen de ellos: "estos son **mis** discípulos".

- Creyentes que, para todas sus decisiones, dicen: "debo preguntarle a mi líder".

- Un líder que está a cargo de un grupo celular, cuando ve que el número de discípulos crece, dice: "ahora puedo iniciar **mi propia** iglesia".

Al haber concentrado tu atención en el análisis de la práctica actual del liderazgo en la Iglesia, pudiste comprobar que no nace del Espíritu del Señor. Es un síntoma de una Iglesia inmadura que requiere aferrarse a modelos humanos, como ocurría en Corinto, cuando en realidad tiene el modelo más perfecto y ejemplar a seguir, Jesucristo.

Ahora considerarás algunos textos bíblicos, en los que se utiliza un término que es muy adecuado para representar la intención original de Dios para sus hijos.

7.

Lee 2ª Corintios 6:1 y 1ª Tesalonicenses 3:2, y selecciona la palabra con la que se identifica a las personas mencionadas:

a. Colaboradores

b. Líderes

¡Ser colaborador es una honra! En términos generales, cuando se habla de colaborar se entiende como *trabajar para;* sin embargo, colaborar es *trabajar junto con.* Quiere decir entonces, que la honra de los hijos de Dios no es trabajar para el Señor, sino *junto con el Señor,* en el plan que Él está llevando a cabo en este mundo. Cuando se discierne el profundo significado que tiene ser un colaborador, entonces se entiende que el objetivo del Señor es que sus hijos sean trabajadores competentes para convertirse en sus *colaboradores.*

8.

¿Cuál es el objetivo de Dios expresado en Gálatas 4:19, que resume el anhelo de un colaborador de Dios?

a. Que las personas conozcan acerca de Cristo y de su poder

b. Que Cristo sea formado en las personas

c. Que las personas descubran los misterios del Reino

El profundo anhelo de un colaborador de Dios es que Cristo sea formado en la vida de las personas, así como en su propia vida. Al mantener este anhelo siempre presente, el colaborador cumplirá fielmente su función, y evitará caer en la trampa humana de perseguir ambiciones egoístas. En resumen, los colaboradores de Dios no querrán jamás que otros los sigan, sino que colaborarán para que los demás sigan al Señor y sean formados por Él.

Ahora que has llegado al final del análisis que comenzaste en la unidad anterior, comprendes la importancia de los cuatro puntos fundamentales que son parte del plan de Dios para la humanidad. La *base del plan* es que el Señor siempre quiere manifestar *el Reino de los cielos* en el mundo, y ha decidido hacerlo a través de *la Iglesia*, quien es capacitada por *los cinco ministerios* que Jesucristo constituyó. El *objetivo del plan* es que todos los creyentes se transformen en *los colaboradores* del Señor, para que el Reino se siga manifestando y extendiendo.

9. **Como resumen de lo que aprendiste acerca del plan de Dios para la humanidad, llena el siguiente cuadro a continuación:**

1. Un Reino único para manifestar: _____ _____ _____ _____
   _____

2. Agente de manifestación: _____ _____

3. Ministros designados para capacitar al agente: ___ _____
   _____

4. Trabajadores competentes: _____ _____

Declaración para la Iglesia de Jesucristo,
que va *más allá del liderazgo*:

Declaramos abierto el camino que conduce a la comprensión espiritual del Reino de los cielos, para preparar colaboradores que manifiesten ese Reino que traspasa tiempos, edades y fronteras. A partir de ahora se levanta la Iglesia del Señor con un profundo sentido de propósito, mostrándose como el fiel prototipo del Reino de los cielos en la Tierra.

DEL LADO
DE DIOS UNIDAD 4

OBJETIVO

Que los colaboradores, como ciudadanos del Reino, posean el corazón, el espíritu y la mentalidad que los capacita para impartir a otros la vida de Cristo.

ORACIÓN

Te exaltamos, Señor, Dios del cielo y de la Tierra, por tu Reino inconmovible. Te pedimos que tus hijos sean formados conforme a tu molde. Que el corazón, el espíritu y la mentalidad de Cristo Jesús habiten en cada uno de ellos.
Padre, declaramos que tu pueblo está firme en la gracia y la paz de Cristo. En el nombre de tu Hijo Jesús, amén.

EL MOLDE DE DIOS

Ya has comprobado que el plan de Dios va más allá de que la gente sea salva a través del evangelio. Quienes deseen participar en su plan deben estar dispuestos a que Él los forme. Cuando alguien es formado por el Señor, hace de Cristo su prioridad y del Reino su objetivo de vida. Así experimentará lo que significa vivir *del lado de Dios*.

Gálatas 4:19 expresa magistralmente la formación que Dios tiene en mente. Observa el versículo con atención y señala la respuesta correcta a cada interrogante:

1.

¿Por qué sufría Pablo?

a. Porque los gálatas eran desobedientes

b. Porque anhelaba que Cristo fuera formado en los gálatas

2.

¿Qué debía formarse en los gálatas?

a. Una sólida estructura de enseñanzas bíblicas

b. Un conjunto de doctrinas para contrarrestar a los judaizantes

c. Cristo

3.

¿Qué entiendes por formar?

a. Crear de la nada

b. Dar forma a alguien o a algo

c. Restaurar lo que está dañado

El Señor necesita formar a sus hijos a fin de que estén en condiciones de cumplir el propósito divino. Por supuesto que, para formarlos, Dios requiere que ellos se entreguen sin reservas. Formar significa darle forma a algo que ya existe. Aquel que forma, quiere llevar a cabo un diseño que tiene en su mente. Para lograrlo, utiliza un molde que está hecho según ese diseño y que le permite darle la forma específica al material con el que está trabajando.

¿Cuál es el material al que Dios le da forma? *Sus hijos*, porque ellos tienen la vida de Cristo. ¿Y cuál es el molde que Dios usa? *Cristo es el molde de Dios.*

La palabra *formado* es la clave de la expresión de Pablo, debido a que en el idioma en que el apóstol la escribió tiene un significado particular. *Formado* se traduce del griego 'morphoo'; hace referencia al verbo formar y da a entender *una realidad o naturaleza interna* que implica un cambio de carácter y conducta. Está íntimamente emparentado con el sustantivo griego 'morphe' (*forma*), el cual implica un rasgo distintivo especial o característico de una persona o cosa, es decir, su esencia.

En el idioma español, la palabra *forma* siempre manifiesta la idea de molde, modo, manera, aspecto o figura exterior; en resumen, la apariencia externa. Pero este concepto de la palabra forma difiere totalmente del significado del término griego, el cual está relacionado con la naturaleza interna. Entonces, se puede entender que Pablo se refirió a que la formación de Cristo en los creyentes produjera un cambio rotundo en sus vidas desde el interior.

Para ser un colaborador es necesario que cada creyente esté dispuesto a pasar por un proceso de formación en el cual es "metido en el molde de Dios". ¿Qué ocurre en el creyente durante este proceso? Se produce una transformación interior a medida que Cristo se va formando en su vida.

El anhelo de Pablo de que Cristo fuera formado en los creyentes de Galacia provenía del Espíritu. Este es el mismo anhelo que todo colaborador debe tener. Bajo la perspectiva divina, la tarea de un colaborador consiste en transmitir a Cristo, quien está siendo formado en él. De esta manera, se cumplen dos objetivos en quienes el Señor está formando: que el Reino de los cielos se haga evidente en sus vidas, y que ellos sean eficaces en manifestarlo.

EL CORAZÓN DEL COLABORADOR

Las palabras registradas en 2ª Corintios 12:14-15 exhiben el corazón del apóstol Pablo hacia los creyentes en Corinto.

DEFINICIÓN 1

4.

El versículo 14 muestra aquello que inspiraba a Pablo. Selecciona la opción correcta y así obtendrás la primera definición:

|___ **Su temperamento**

|___ **Su motivación**

|___ **Su sentimiento**

Al observar el proceder de Pablo hacia los corintios, se comprueba su motivación pura, porque decidió *desgastarse del todo por amor a ellos.* Si la motivación de Pablo hubiera sido egoísta, se habría enfocado en usar a la gente y sus recursos para construir su ministerio, haciendo a un lado lo primordial: la formación de Cristo en los creyentes. De esa manera hubiera deshonrado al Señor.

DEFINICIÓN 2

5.

¿A través de qué reflejaba Pablo su motivación pura? Deduce la respuesta correcta y tendrás la segunda definición:

|___ **Su actitud**

|___ **Su fuerza**

|___ **Su carácter**

La motivación es la causa o la razón íntima que sirve de inspiración para el corazón del colaborador.

Pablo se consideraba como un padre que debía ahorrar para sus hijos espirituales. Su actitud era el reflejo externo de una disposición interna.

La actitud no está relacionada con la fuerza o el gran carácter, sino con el ánimo y la pureza de corazón. La actitud visible nace de la motivación invisible.

DEFINICIÓN 3

6.

¿Qué característica distinguía a Pablo, de acuerdo con el versículo 15? Descúbrela para obtener la tercera definición:

|____ **Su valor**

|____ **Su entrega**

|____ **Su hombría**

Se puede hablar de entrega en dos sentidos. Uno tiene que ver con dar algo, el otro es darse a sí mismo. Cuando una persona da algo, por mucho que entregue, su entrega es parcial. En cambio, cuando alguien se da a sí mismo por entero, su entrega es total y absoluta porque no tiene algo mayor que dar.

Pablo mencionó y practicó los dos tipos de entrega. Él les daría algo a los corintios, al gastar todo lo que tenía. Pero sabiendo que esa entrega sería limitada, se dispuso a entregarse por entero al desgastarse a favor de ellos. Esa entrega de su propia persona no estuvo condicionada por la respuesta de un mayor o menor amor de los corintios hacia él. Por lo tanto, su entrega fue incondicional.

El corazón del colaborador se distingue por una entrega que mantiene una motivación pura, y se da por entero de manera incondicional.

Ahora estás en condiciones de completar el segundo concepto aplicable hoy.

SEGUNDO CONCEPTO APLICABLE HOY | El corazón del colaborador está conformado

por _____ _____, _____ _____

y _____ _____.

El espíritu es la naturaleza o la esencia misma de todo lo que un

EL ESPÍRITU DEL COLABORADOR

ser humano es. Allí se encuentran los rasgos más íntimos de una persona, que se manifiestan a través de las acciones y el comportamiento.

DEFINICIÓN 1

7.

En Gálatas 6:14 se puede notar una virtud primordial del espíritu de Pablo. Señálala:

|___ **Su humildad**

|___ **Su timidez**

|___ **Su autonegación**

La humildad es una de las virtudes más valiosas en el ser humano y, muchas veces, de las más difíciles de encontrar. Quien no sabe qué es la humildad se desubica en todo lo que hace, generalmente habla de sí mismo, de sus experiencias, y presume de sus logros para sentirse valioso. El fundamento de la humildad es la identidad, es decir, que una persona sepa quién es. Cuando una persona tiene un claro sentido de identidad, no se rebaja a sí misma ni tampoco se considera superior a las demás.

Pablo dio la clave para experimentar una humildad según Dios: saber quién era en Cristo. La obra de la cruz produjo una anulación de todo lo que él había sido sin Cristo, y a su vez, un entendimiento de que todo lo que era y tenía provenía del Señor. Esto marca una pauta: quien está en Cristo ha muerto a sí mismo, a su independencia, a sus esfuerzos y logros. Por esa razón, puede expresar una humildad genuina, porque depende del Señor en todo lo que es y hace. Sabe que la humildad es una virtud de Cristo en él, y que fuera de Cristo es imposible ser humilde.

El Señor se agrada de considerar como su colaborador al humilde, quien, además, disfruta de su gracia de manera permanente (ver Santiago 4:6).

DEFINICIÓN 2

8.

Romanos 15:1-3 es un excelente resumen de una de las características más trascendentes del espíritu de Pablo:

|___ **Su diplomacia**

|___ **Su rectitud**

|___ **Su conducta**

El espíritu de un colaborador es expresado en una conducta que le impide centrarse en sí mismo, porque busca el bien de los demás. Por la gracia del Señor, el colaborador desarrolla una conducta madura que lo hace fuerte en la fe, a través de la cual fortalece la fe de aquellos hermanos que están a su cuidado. El colaborador con una conducta madura no se agrada a sí mismo, porque tiene la convicción de que el beneficio personal encuentra su máxima expresión en el beneficio de los otros.

DEFINICIÓN 3

9.

Lo expresado en Filipenses 1:21-25 te ayudará a encontrar la tercera definición:

|___ **Su conformismo**

|___ **Su convicción**

|___ **Su equilibrio**

Es muy fácil identificar a una persona con convicción. Su vida gira alrededor de un objetivo que la atrapa de tal manera que nada la distrae. Pablo reconoció que tenía el deseo de irse con el Señor; sin embargo, supo que permanecería todavía en el mundo por el bien de los demás. Demostró su convicción cuando comprendió que, en ese momento de su vida, el beneficio que produciría su trabajo entre los hermanos estaba por encima del cumplimiento de su deseo más íntimo.

El colaborador que posee un espíritu conforme al de Dios reconoce que su convicción no es producto de una cualidad natural, sino que proviene del propósito que el Señor depositó en su vida. No tiene reparos en entregarse voluntariamente a los demás para ver el propósito divino cumplido en ellos.

Ahora reafirma las definiciones, completando el tercer concepto aplicable hoy.

TERCER CONCEPTO APLICABLE HOY | El espíritu del colaborador se destaca

por _____ _____, _____

_____

y_____ _____.

LA MENTALIDAD DEL COLABORADOR

Está comprobado que la mente tiene el poder de influenciar al ser humano en todas las áreas.

A continuación, analizarás aspectos importantes que conforman la mentalidad del colaborador.

DEFINICIÓN 1

10.

Señala qué posee todo colaborador, según lo expresado en 1ª Corintios 2:16:

⌐____ **El carácter de Cristo**

⌐____ **La mente de Cristo**

Las mejores ideas, los más altos deseos, y los más sublimes anhelos con respecto a la Iglesia quedan reducidos a nada si no provienen de la mente de Cristo. El colaborador ha recibido la mente de Cristo con el propósito de ejercitarla, de manera que la forma de pensar del Señor esté activa en todo lo que piensa y hace. La mentalidad del colaborador se sustenta en la mente de Cristo. Esto le da la seguridad al colaborador de pensar, razonar, discernir, sentir y decidir como Cristo lo hace.

DEFINICIÓN 2

11.

¿Cuál es el fundamento de la mentalidad del colaborador, conforme a Filipenses 3:20?

|___ **La comunidad religiosa**

|___ **El origen terrenal**

|___ **La ciudadanía celestial**

En sentido espiritual, cuando una persona nace de nuevo entra al Reino de los cielos y recibe la ciudadanía de ese Reino. A partir de ese momento, este es su lugar de residencia y debe desarrollar su vida según la nueva ciudadanía que recibió. Esto produce en el hijo de Dios una mentalidad estructurada según los parámetros del Reino.

En sentido natural, cada discípulo del Señor está ligado a una ciudadanía terrenal, porque nació en un país específico y fue criado bajo ciertos parámetros de vida que siempre lo han influenciado. A partir del momento en que recibe la ciudadanía celestial, se enfrenta a un punto clave de definición. Ahora experimenta dos ciudadanías con dos mentalidades completamente opuestas. Si decide vivir por los parámetros de la ciudadanía terrenal, no honrará la nueva ciudadanía celestial que recibió y su mentalidad no se transformará. De esta manera, aunque sea un discípulo, estorbará la manifestación del Reino de los cielos en la Tierra. La deducción es simple: *lo terrenal nunca podrá producir algo celestial.* Como contrapartida, al vivir conforme a los parámetros de la ciudadanía celestial, desarrollará la mentalidad proveniente del Reino y será una manifestación válida de ese Reino. La conclusión es categórica: *lo celestial siempre producirá transformación en lo terrenal.*

El colaborador sabe que su verdadera patria es el cielo. Por lo tanto, es consciente que está de paso en este mundo, y por esa razón se enfoca en mostrar el Reino al que pertenece. Para lograrlo, simplemente piensa y actúa en armonía con la ciudadanía celestial, amando y brindándose a los demás como Cristo lo haría.

Es normal que los individuos amen a su país de nacimiento de manera especial y sientan un orgullo particular que no tienen por otra nación. Sin embargo, el colaborador no se arraiga con afectos humanos al país donde nació o donde vive, sino que expresa los sentimientos del Señor tanto por su nación como por las demás naciones, sin distinción. Todo esto ocurre porque el colaborador es un ciudadano del cielo, y sabe que el Señor lo plantó en una nación para bendecirla. Mientras manifiesta el Reino, vive cada día con la expectativa del regreso de su Señor, porque anhela llegar a su verdadera patria, el cielo.

DEFINICIÓN 3

12.

En todo país existe una cultura que los ciudadanos practican. Descubre por Romanos 12:2 cuál debe ser la cultura del colaborador:

|___ **La cultura del Reino**

|___ **La cultura eclesiástica**

|___ **La cultura social**

Entre los elementos que conforman la cultura de una comunidad o de un país se encuentran los modos de vida, las costumbres y las tradiciones. La práctica de los patrones culturales unifica a la gente de una región. A través de la cultura, las personas se identifican entre sí y establecen vínculos de manera natural. La cultura es tan importante para ellas que la exhiben como el orgullo de su nación, de modo que se consideran agraviadas si alguien atenta contra su cultura.

El Reino de los cielos tiene su propia cultura, formada por una serie de principios que rigen la vida de sus ciudadanos en todos los aspectos. Cuando el colaborador se somete por completo a que Cristo sea formado en su vida, puede distinguir la cultura del Reino para vivir por ella. Al distinguirla, se produce en su mente una confrontación con la cultura que practicó desde niño. A partir de ese momento, comienza a desechar los aspectos de la cultura humana contrarios al Reino, porque decide vivir según su ciudadanía celestial para que se manifieste plenamente la cultura del Reino. Por eso, la Palabra instruye a no amoldarse al mundo actual, el cual aprueba ciertos conceptos y hábitos de vida que se convierten en una cultura contraria a Dios y a su Reino. La mentalidad del colaborador está conformada a la cultura del Reino.

DEFINICIÓN 4

13.

Filipenses 3:7-10 muestra aquello que distingue a la mentalidad del colaborador. ¿Qué es?

|___ **Duda**

|___ **Prioridad**

|___ **Éxito**

Pablo había determinado firmemente su prioridad: Cristo. Su anhelo de conocer al Señor demostraba esta realidad. Aunque el apóstol amaba y honraba el ministerio que el Señor le había encargado, aquello que lo consumía interiormente no era ese ministerio sino Cristo, porque Él era la prioridad de su vida.

Es imprescindible discernir que *conocer a Cristo es una experiencia cotidiana e íntima, a través de la cual el Señor se revela a sí mismo.* En ocasiones, se confunde el hecho de conocer a Cristo con participar de estudios bíblicos, adquirir conocimiento teológico o practicar alguna disciplina espiritual. Conocer a Cristo trasciende estas prácticas, pues se trata de experimentarlo a Él.

El colaborador ama la labor que realiza, porque el Señor se la delegó, pero no la pone en primer lugar. La mentalidad del colaborador está marcada por una prioridad: Cristo. De esa prioridad nace el deseo ardiente de conocer al Señor.

Según estas cuatro definiciones, completa el cuarto concepto aplicable hoy.

CUARTO CONCEPTO APLICABLE HOY

El colaborador ejercita

_____ _____ _____ _____

y expresa _____ _____ _____

_____

al actuar por _____ _____ _____

_____,

teniendo como _____ a Cristo.

Declaración para la Iglesia de Jesucristo,
que va *más allá del liderazgo:*

> *Declaramos que emergen colaboradores con un corazón, un espíritu y una mentalidad que exhiben el Reino, y que son capaces de manifestar la vida de Cristo.*

EL
RECORRIDO
DE UN
COLABORADOR

CALIDAD
SOBRENATURAL UNIDAD 5

OBJETIVO

Que los colaboradores perciban que la calidad de la vida que recibieron del Señor es sobrenatural.

Te glorificamos, Padre eterno, porque nos has creado para alabarte y porque a través de la resurrección de Jesucristo disfrutamos de una vida de victoria.

Te rogamos que, por tu Espíritu, se le revelen a tu pueblo la potencia, la magnificencia y la grandeza de la calidad de vida que has puesto en él, con la finalidad de que tu Reino sea manifestado en la Tierra con poder.

Padre, declaramos que tu pueblo está firme en la gracia y la

ORACIÓN paz de Cristo. En el nombre de tu Hijo Jesús, amén.

La vida con la cual Dios equipó a sus hijos es de una calidad sobrenatural.

CALIDAD
COMPROBADA

Su poder debe aplicarse en lo natural en todas las áreas del diario vivir.

Será emocionante que descubras a través de 1ª Corintios 2:6-13 el nivel de vida que Dios te ha impartido y que necesita mostrarse.

DEFINICIÓN 1

1.

¿Con quiénes hablaba Pablo con la sabiduría de Dios?

a. Con todos, por ser un mensaje de Dios
b. Con quienes habían alcanzado madurez
c. Con todos los sabios

2.

Selecciona la condición indispensable que se requiere del colaborador, la cual te indicará la primera definición:

|___| **Alcanzar conocimiento**

|___| **Alcanzar experiencia**

|___| **Alcanzar madurez**

El tema central en este pasaje bíblico se relaciona con el misterio de la sabiduría de Dios que Pablo exponía. Esta sabiduría había estado escondida y fue revelada por el Espíritu Santo. Más allá de esta enseñanza, el pasaje muestra algunos principios espirituales trascendentes para los creyentes en Cristo, y que deben aplicarse a la vida del colaborador.

Uno de esos principios es *alcanzar madurez.* El hecho de llegar a la madurez no está relacionado con el conocimiento bíblico, con la experiencia, los años de cristianismo y menos aún con la sabiduría humana. La madurez es sinónimo de *algo acabado, completo y perfecto que alcanzó su objetivo.* Es llegar a un nivel de plenitud y a un estado de perfección.

La madurez espiritual no está determinada por lo que una persona sabe, predica o declara acerca de Cristo, sino por lo que manifiesta de Él. La vida natural debe mostrar la madurez espiritual, como si fuera un espejo en el que se refleja a Cristo.

El creyente inmaduro se conforma con oír la Palabra y llevar una vida de apariencias. En cambio, el creyente maduro es quien lleva a la práctica la Palabra.

DEFINICIÓN 2

3.

¿Quién puede acceder a la sabiduría?

a. Nadie, porque solo es propiedad de Dios

b. Solo algunas personas superdotadas

c. El maduro espiritual

4.

Marca la frase que indica la clase de sabiduría que es esencial en el colaborador. Así, hallarás la segunda definición:

|___ **Sabiduría filosófica**

|___ **Sabiduría espiritual**

|___ **Sabiduría científica**

La *sabiduría espiritual* no es algo idealista que alguien puede exponer a través de conceptos teóricos casi inentendibles. En realidad, la sabiduría espiritual es la capacidad de aplicar criterios divinos en cada situación específica de la vida cotidiana. Esta clase de sabiduría tiene como fuente la revelación de Cristo en la vida del creyente, ya que Cristo es la sabiduría de Dios (ver 1ª Corintios 1:30). Además, se requiere que el colaborador crezca en madurez, para que Cristo se revele en su vida cada día más. Quiere decir que en la medida que el colaborador madura, se manifiesta en él la sabiduría que viene de Dios. Comienza a ser espiritualmente sabio en su manera de pensar y de actuar, tanto para su vida personal, como para la tarea que el Señor le encomendó. La sabiduría espiritual es un tesoro invaluable que el colaborador tiene a su disposición.

DEFINICIÓN 3

5.

¿Qué se requiere para comprender lo que Dios ha preparado para quienes lo aman?

a. La revelación del Espíritu

b. Realizar una profunda investigación bíblica

c. Orar mucho

6.

Con base en tu respuesta anterior, escoge la frase que expresa la tercera definición y que forma parte de la tarea esencial del colaborador:

|___ **Impartir la revelación**

|___ **Impartir dones**

|___ **Impartir un seminario**

La revelación del Espíritu Santo es fundamental para los hijos de Dios, ya que el Espíritu es el único que puede mostrarles todo lo que el Señor les ha concedido. Cuando llega la revelación, entonces, se da a conocer aquello que está escondido en la mente de Dios.

Ahora bien, el pasaje muestra que aquello que está reservado en la mente del Señor, Él lo tiene preparado para *quienes lo aman*. El amor a Dios es una característica primordial y evidente en quienes han hecho del Señor su prioridad. Por supuesto, esta también será siempre una característica fundamental en el colaborador. El amor al Señor produce una búsqueda incesante por conocerlo plenamente, y cuando hay mayor conocimiento de Él, hay también una mayor madurez. Esta madurez no solo abre la puerta a la revelación del Espíritu en la vida del colaborador, sino que también lo habilita a *impartir la revelación* del Señor a otros.

Si bien es cierto que la revelación del Espíritu es para todos los hijos de Dios, la madurez espiritual es fundamental para poder recibir esa revelación. A medida que el colaborador crece en madurez, tiene una mayor docilidad y discernimiento para recibir toda la revelación que el Señor quiera darle. Además, el colaborador es consciente de que esa madurez espiritual es la clave para estar en condiciones de impartir la revelación del Señor.

Con todas las definiciones que ya consideraste, te será posible resumir el quinto concepto aplicable hoy.

QUINTO CONCEPTO APLICABLE HOY

El colaborador necesita

_____ _____,

para vivir con _____ _____,

y así _____ _____

de todo lo que se le ha concedido.

CONTROL DE CALIDAD

El colaborador experimenta tres estados espirituales, y debe comprender que mantenerse en el último de ellos lo hará eficaz en la tarea. A continuación, leyendo 1ª Corintios 2:14 a 3:1 verás estos tres estados explicados claramente por el apóstol Pablo.

DEFINICIÓN 1

7.

¿Quién considera las cosas del Espíritu como locura?

|___ **El ignorante**

|___ **El que no tiene el Espíritu**

|___ **El pecador**

DEFINICIÓN 2

8.

De acuerdo con lo expresado por el apóstol Pablo, ¿quién es como un niño en Cristo?

|___ **El bebé**

|___ **El inmaduro**

|___ **El joven**

DEFINICIÓN 3

9.

¿Quién tiene la capacidad de juzgar o discernir todo, por tener la mente de Cristo?

|___ **El inteligente**

|___ **El sabio**

|___ **El espiritual**

Todo hijo de Dios pasa por un proceso espiritual a lo largo de su vida. Este proceso está compuesto por tres diferentes estados.

El primer estado es el que experimenta todo individuo desde que nace. Debido a su condición de pecador está muerto espiritualmente, y al estar imposibilitado de tener al Espíritu Santo viviendo en él, es un hombre natural. Por esa razón, la Biblia lo define como *el que no tiene el Espíritu*. El segundo estado se observa en aquel que ha pasado de la muerte espiritual a la vida espiritual, pero sigue reflejando inmadurez en las cosas del Espíritu. Es un hijo de Dios que, por su condición infantil, tiene un comportamiento semejante al del hombre natural. A este creyente, la Biblia lo define como *el inmaduro*.

El tercer estado es el de madurez espiritual, el estado que el Señor ha preparado para todos sus hijos. Esta condición se evidencia por un entendimiento de las cosas del Espíritu y una vida que demuestra la sabiduría del Señor en todas las áreas. La Biblia define al que permanece en este estado como *el espiritual*. *Cada creyente transita por el estado de inmadurez espiritual, pero el tiempo que permanece en ese estado es una decisión personal.*

Cuando el apóstol Pablo catalogó a los creyentes corintios como inmaduros, literalmente estaba expresando que ellos eran carnales, porque se habían entregado voluntariamente al gobierno de sus propios deseos. Debido a esta situación, el apóstol los clasificó como *niños en Cristo*, que no podían discernir espiritualmente la enseñanza del Señor.

Es aceptable que alguien que recién se convirtió en discípulo sea inmaduro, porque su vida espiritual está en pleno desarrollo. Por el contrario, es inaceptable la inmadurez en un hijo de Dios que, debiendo ser ya maduro, permanece obstinadamente en un estado de inmadurez o carnalidad. Quien se comporta de ese modo, no resiste el control de calidad, porque evidencia dureza de corazón y demuestra que no ha querido rendirse al gobierno del Espíritu Santo. Si decide permanecer en este estado, la persona está confinada a una inmadurez voluntaria y destructiva. Un inmaduro está inhabilitado para ser un colaborador. La razón es muy sencilla: *nadie puede impartir a otro lo que no tiene formado en él.*

El colaborador es consciente de la importancia de que Dios realice un control de calidad en su vida. Reconoce que necesita dejarse formar por el Señor para ser una persona espiritual. Sabe que esa formación es clave para impartir a otros aquello que Dios formó en él. Esta realidad lo conduce a no ser conformista, sino a mantener una actitud constante que lo motiva a alcanzar cada día un nivel mayor de madurez espiritual.

A continuación, llena los espacios en blanco para formar el sexto concepto aplicable hoy.

SEXTO CONCEPTO APLICABLE HOY

El colaborador experimenta un proceso que incluye haber sido

_____ _____ _____ _____ _____ _____

_____,

entrar al Reino como _____ _____,

y en su madurez ser _____ _____.

DESHACIENDO EL NUDO

Ya has visto que la vida que el Señor le concedió a sus hijos es sobrenatural, diseñada para manifestarse en lo cotidiano y natural. Cuando esto sucede, produce tal impacto en las demás personas que los hijos de Dios se transforman en un ejemplo a seguir.

Los ciudadanos del Reino han recibido parámetros de vida completamente opuestos a los del mundo. Cuando la gente puede ver el Reino de Dios "en vivo y en directo", recién entonces comprueba que ese Reino ha llegado a la Tierra.

Los cristianos son los únicos que pueden expresar el Reino y están facultados para hacer visible su excelencia. Este privilegio los hace responsables de no conformarse al estilo de vida de una sociedad que está bajo la influencia de la cultura, la educación y los hábitos del sistema del mundo.

10.

Según Juan 17:16, ¿de dónde no eran los apóstoles?

a. De Israel

b. Del mundo

11.

¿Quién fue el que dijo: "como tampoco lo soy yo"?

a. Cristo el resucitado

b. Jesús el hombre

c. Cristo el ascendido

12.

Según 1ª Juan 4:17b, ¿cuál es el momento adecuado para que los hijos de Dios vivan tal como vivió Jesús?

a. Cuando lleguen al cielo

b. Aquí y ahora

c. Cuando sean incorruptibles

En el momento en el que Jesús oraba al Padre diciendo: *"Ellos no son del mundo"*, los apóstoles ni siquiera eran nacidos de nuevo del Espíritu, porque eso ocurrió tiempo después (ver Juan 20:22). Sin embargo, el Señor afirmó que ellos no pertenecían al mundo. También dijo que Él no era del mundo, aunque era un ser humano. Estas afirmaciones de Jesús demuestran que las circunstancias y los modelos de vida del mundo no lo rigieron a Él, como tampoco regirían a los suyos.

En consonancia con esta verdad, el apóstol Juan escribió que el creyente es como Jesús en el mundo. Un hijo de Dios es como Jesús en acción al trabajar, estudiar, comer, orar, relacionarse, es decir, viviendo hoy. Es evidente que los hijos de Dios están llamados a vivir como Jesús *aquí y ahora*, y no cuando lleguen al cielo. Si no lo hacen mientras están en el mundo, habrán quedado totalmente incapacitados de experimentar el Reino y de manifestarlo a otros.

El verdadero "nudo" que ata a los hijos de Dios se produce cuando lo espiritual no llega a *ser demostrable* en lo natural y cotidiano de sus vidas. La consecuencia de esta atadura es que la expresión y el poder del Reino no se hacen evidentes para la gente que necesita encontrarse con la luz del evangelio. El colaborador tendrá que deshacer este nudo, para *ser en lo cotidiano lo que ya es en el espíritu*.

Declaración para la Iglesia de Jesucristo,
que va *más allá del liderazgo:*

> *Declaramos que los colaboradores experimentan una revelación profunda de la calidad sobrenatural de la vida de Cristo que deben manifestar.*

PODEROSAMENTE
NATURAL UNIDAD 6

OBJETIVO

Que los colaboradores vivan cada día de manera poderosamente natural.

Padre, te bendecimos y afirmamos que tú eres soberano y Señor de nuestra vida. Te amamos, te honramos y te pedimos que tus hijos sean llenos de inteligencia y sabiduría espiritual para desarrollar al máximo la vida sobrenatural que les has dado. Que cada uno de ellos sea un modelo que exprese poderosamente a Cristo en el ámbito natural.

Padre, declaramos que tu pueblo está firme en la gracia y la paz de Cristo. En el nombre de tu Hijo Jesús, amén.

ORACIÓN

LO NATURAL SE VE PRIMERO

La vida sobrenatural que habita en cada miembro del cuerpo de Cristo no es una ilusión. Tampoco se fundamenta en una serie de declaraciones rimbombantes que aparentan una gran espiritualidad. Aunque es una vida sublime, no es teórica o impracticable; es sobrenatural en esencia, y se le ha concedido a cada hijo de Dios para vivir de manera *poderosamente natural,* todos los días.

1.

Selecciona del siguiente listado todo aquello que forma parte de tu vida cotidiana:

a. Comida y bebida

b. Vestido

c. Dinero

d. Amistades

e. Matrimonio

f. Paternidad y maternidad

g. Hijos

h. Crianza

i. Relaciones de parentesco

j. Relaciones de autoridad

k. Relaciones sexuales

l. Administración

m. Estudio

n. Trabajo

o. Créditos y deudas

p. Impuestos y servicios

q. Conducta

r. Emociones

s. Pensamientos

t. Decisiones

u. Cuidado del cuerpo

v. Cuidado de la salud

w. Cuidado de los bienes

x. Orden

y. Responsabilidad en acciones y palabras

z. Limpieza e higiene

2.

Según 1ª Corintios 6:12 y 10:23, ¿qué está permitido para los hijos de Dios?

a. Todo

b. Nada

c. Algo

Santiago 1:8 expresa:

El hombre de doble ánimo es inconstante en todos sus caminos (RVR1960).

3.

Según este versículo, ¿a qué área de su ser obedece un cristiano indeciso e inconstante?

a. A su cuerpo

b. A su espíritu

c. A su alma

4.

¿En qué áreas afecta la inconstancia?

a. Espiritual

b. Natural

c. Todas

5.

En Mateo 5:37, Santiago 1:26 y 5:12, hay dos órdenes precisas para tener en cuenta cuando se habla:

a. Dominar la lengua y cumplir la palabra

b. Tratar de dominar la lengua y de cumplir la palabra

c. Esperar que el Espíritu Santo ponga freno a la lengua para poder cumplir la palabra

6.

Lee 1ª Timoteo 4:12. Allí observarás que Timoteo debía ser ejemplo en dos grandes áreas de la vida. Una de ellas está representada por la manera de hablar y la conducta; la otra por el amor, la fe y la pureza. ¿Cuáles son esas dos áreas?

a. Racional y afectiva

b. Natural y espiritual

c. Sentimental y psicológica

Ser cristiano no consiste en cumplir una serie de reglas y prohibiciones, sino en vivir por la guía del Espíritu Santo cada día. La Palabra declara que *todo está permitido* para los hijos de Dios; sin embargo, el cristiano espiritual discierne aquello que lo edifica y se conduce por ese parámetro. Como resultado, no se regula por prohibiciones, sino que desecha aquello que atenta contra su edificación. En resumen, todo aquello que un creyente espiritual se permite o no se permite hacer, tiene el objetivo de que su vida sea edificada y nutrida.

Cuando un ciudadano del Reino permite que su alma gobierne cualquier aspecto de su vida, por mínimo que sea, se vuelve indeciso e inconstante. Esta inconstancia lo transforma en un ser incoherente que piensa una cosa, dice otra, y hace otra distinta.

La energía para que el creyente ejercite el dominio propio proviene de la vida de Cristo. El dominio propio actúa como freno divino en las acciones y las palabras, y es una de las características más importantes de una persona espiritual. El que tiene dominio propio es *señor de sí mismo*.

La lengua es el órgano por el cual se transmite lo que hay en el interior del ser. Cuando la lengua no tiene freno, se hacen muchas promesas que nunca se cumplirán, y esto hace que una persona no sea confiable. La famosa frase *hablar por hablar* no hace referencia a la cantidad de palabras que se dicen, sino a la *falta de cuidado* en lo que se dice. Incumplir la palabra es una práctica que procede del maligno; por lo tanto, la persona que habla por hablar está dejando que el diablo hable a través de ella.

Estas enseñanzas prácticas de la Palabra pueden resumirse en el consejo de Pablo a Timoteo, en cuanto a ser ejemplo de los demás. La manera de hablar, la conducta, el amor, la fe y la pureza, son algunas de las expresiones que el apóstol utilizó para resumir dos grandes áreas de la vida: *la natural* y *la espiritual*. Es destacable que se refirió primero al área natural (manera de hablar y conducta) antes que al área espiritual (amor, fe y pureza). Con base en aquello que el apóstol expresó, se puede deducir que el creyente debe exteriorizar la vida de Cristo primeramente en lo natural.

Es habitual, aunque lamentable, que algunos creyentes se escondan detrás de sus fortalezas en el área espiritual para que los respeten y reconozcan, y así ocultar sus debilidades en el área natural. Magnifican el área espiritual para minimizar la importancia de vivir de acuerdo con Dios en el área natural. Quienes actúan de esta manera quedan descalificados para ser ejemplo ante los demás, y en vez de transmitir confianza, provocan un sentimiento de desconfianza y rechazo.

Ante todo lo expresado, alguien podría pensar: "Entiendo lo que significa esta enseñanza, pero su nivel es demasiado elevado para alcanzar y practicar". Por el contrario, el colaborador tiene un anhelo ardiente de que este nivel de vida sea su experiencia diaria; por lo tanto, grita con todas sus fuerzas: "¡Señor, que esto se cumpla ya!".

LA ESTATURA DEL COLABORADOR

Aquellos que pudieron discernir la conexión que existe entre la vida natural y la espiritual, tuvieron el privilegio de recibir un reconocimiento de parte de Dios y de los hombres. Unos pocos ejemplos te lo mostrarán. Comenzarás viendo al Maestro de los maestros, Jesús.

DEFINICIÓN 1

Y Jesús siguió creciendo en sabiduría y en estatura, y en gracia para con Dios y con los hombres.

Lucas 2:52, RVC

7.

¿Qué frase se relaciona específicamente con el favor sobrenatural de Jesús para con Dios y los hombres?

|___ **Crecer en sabiduría**

|___ **Crecer en gracia**

|___ **Crecer en estatura**

Jesús descendió al mundo como hombre. Estando en esa condición, tenía que evidenciarse que el favor sobrenatural de Dios estaba sobre Él. Por esta razón, la Palabra expresa que crecía en gracia para con Dios y los hombres. Quiere decir que la gente percibía el favor de Dios en la vida de Jesús porque su andar manifestaba que Dios estaba con Él. Esa gracia era una manifestación divina que las personas percibían de manera natural. La gracia tiene la particularidad de ser *la influencia divina sobre el corazón, y su reflejo en la vida.*

DEFINICIÓN 2

8.

Según la instrucción precisa de Pablo que se encuentra en 2ª Timoteo 2:2, ¿cómo debía ser cada colaborador a quien Timoteo le encargara la tarea de enseñar a otros?

|___ **Digno de responsabilidad**

|___ **Digno de consideración**

|___ **Digno de confianza**

Por lo general, una de las aptitudes más buscadas en quienes van a desarrollar una tarea espiritual es la capacidad. Pero en realidad se debiera buscar la fidelidad antes que la capacidad. Cuando el creyente es fiel, se convierte en un colaborador digno de confianza capaz de llevar a cabo su tarea. Una persona puede brillar por lo que hace, pero su valor está dado por lo que es.

DEFINICIÓN 3

9.

Luego de leer Lucas 16:10-12, define qué recibe el administrador que es honrado con las riquezas terrenales:

|___ **Las riquezas verdaderas**

|___ **Las riquezas mundanas**

|___ **Las riquezas ajenas**

Todo administrador es probado en *lo poco* y en *lo ajeno*. Quien demuestra que es honrado y digno de confianza en lo que se le encargó, es promovido a un nivel mayor de administración.

Todo hijo de Dios es un administrador del Señor que deberá demostrar su integridad en el manejo de las riquezas insignificantes de este mundo. Cuando aprueba este examen, entonces es confiable para que se le entreguen las riquezas verdaderas, que no se relacionan con las cosas terrenales. Su honradez como administrador de las riquezas mundanas y de lo ajeno, es clave para que el Señor pueda delegarle la función de colaborador.

Teniendo en cuenta que las personas son el tesoro especial de Dios, la tarea de administración de un colaborador es de un nivel superior, porque está relacionada con la vida de aquellos en quienes Cristo está siendo formado. Por este motivo, todo creyente es un *aspirante a colaborador* y debe comprender la importancia de ser íntegro, honesto, honrado y fiel en el ámbito natural, para que el Señor lo haga su colaborador y ponga personas a su cuidado.

Al haber comprendido la importancia de los principios establecidos para un colaborador, estás en condiciones de completar el séptimo concepto aplicable hoy.

SÉPTIMO CONCEPTO APLICABLE HOY

El colaborador debe _____ ____

_____

y ser _____ ____ _____ _____/

para administrar _____ ____ _____

_____.

10.

Según Proverbios 16:32, ¿cuál es la conquista que tiene más valor?

a. La conquista de ciudades

b. La conquista del temperamento

c. La conquista de uno mismo

11.

¿Con qué palabra definirías a una persona que se ocupa de conquistar algo visiblemente grande, sin haberse conquistado primero a sí misma?

a. Autoengañada

b. Exitosa

c. Emprendedora

Generalmente, lo que Dios considera grande está en clara oposición a lo que el ser humano considera grande. Sin duda, cualquier persona opinaría que conquistar o dominar ciudades es de mucho más valor que conquistarse o dominarse a sí mismo. Sin embargo, la Palabra muestra que no es así. Conquistarse a uno mismo tiene más valor que conquistar ciudades, porque así lo piensa Dios.

La conquista de uno mismo no significa proponerse corregir la conducta con empeño y dedicación para llegar a ser un mejor cristiano. Según la revelación expresada en el Nuevo Testamento, el creyente en quien Cristo está siendo formado se conquista a sí mismo. Cuando el colaborador experimenta esta realidad, entonces comienza a ser de influencia para otros discípulos, despertando en ellos el anhelo de que Cristo sea formado en sus vidas. El corazón del Padre late por ver a Cristo formado en cada hijo suyo, porque es la única manera de que ellos se conquisten a sí mismos.

No se puede negar que Dios, a través de su Iglesia, desea conquistar a los habitantes de ciudades y naciones, para que todos lleguen a ser discípulos de Cristo. Esto es maravilloso y colma de expectativa la vida de todo ciudadano del Reino. Sin embargo, ¿cómo podría Dios cumplir el objetivo de alcanzar a todos los seres humanos si sus hijos no se conquistan primero a sí mismos? La reflexión lleva a una conclusión que no se debe olvidar jamás; para el Señor, *lo primero es primero.*

Declaración para la Iglesia de Jesucristo,
que va *más allá del liderazgo:*

> *Declaramos que surgen colaboradores que saben vivir poderosamente en el ámbito natural, y hacen tangible la vida sobrenatural de Cristo sobre la Tierra.*

COMO DIOS MANDA UNIDAD 7

OBJETIVO

Que los colaboradores conozcan las cualidades de la naturaleza divina, para vivir como Dios manda y ser sus socios en los propósitos del Reino.

ORACIÓN

Padre, te agradecemos por ser un Dios de propósito, que por tu anticipado conocimiento nos has elegido para obedecer a Jesucristo y ser comprados por su sangre. Señor, intercedemos para que cada ciudadano del Reino perciba las poderosas cualidades de tu naturaleza divina y las desarrolle en todos los ámbitos de su vida.

Padre, declaramos que tu pueblo está firme en la gracia y la paz de Cristo. En el nombre de tu Hijo Jesús, amén.

En más de una oportunidad has dicho y escuchado la frase:

100% ESPIRITUAL, 0% INMADURO

"Necesito un cambio". Los cambios son ineludibles para poder avanzar en todas las áreas y las etapas de la vida.

Un colaborador anhela alcanzar un objetivo superior que no está ligado a las ambiciones humanas. Por esa razón, no pretende esforzarse en hacer cambios que él considera necesarios, sino que comprende cuáles son los cambios que el Señor quiere producir, porque son los más provechosos para su vida.

Lee Mateo 26:31-35 para entender de qué manera actúa el Señor con sus hijos.

1.

¿Se iba a cumplir lo que Jesús expresó acerca de sus discípulos? (v. 31)

a. No se hubiera cumplido si ellos hubiesen sido fieles

b. Se iba a cumplir indefectiblemente

c. Dependería de las circunstancias

2.

¿De dónde nacieron las respuestas de Pedro a Jesús: "Yo jamás lo haré", "jamás te negaré"?

a. De su amor por Jesús

b. De su compromiso con Jesús

c. De su alma

3.

¿Cuál fue el objetivo de Jesús al decirle a Pedro: "me negarás tres veces"?

a. Enfrentarlo con su alma

b. Taparle la boca

c. Condenarlo

No muchas personas resisten que se las confronte. La confrontación, ya sea en privado o en público, parece ser un motivo de vergüenza. Pero cuando está en juego el surgimiento de la vida espiritual, la confrontación es absolutamente indispensable.

Jesús profetizó a sus discípulos que lo abandonarían, tomando las palabras de una profecía registrada en el Antiguo Testamento (ver Zacarías 13:7). Por lo tanto, sus palabras se cumplirían indefectiblemente y nada podría impedirlo. Sin embargo, Pedro quiso ser "la voz cantante" de los discípulos, y se aventuró a utilizar palabras que sonaron muy valientes, amorosas y comprometidas con Jesús, pero solo mostraron el dominio de su alma.

Quienes no pertenecen a Cristo viven bajo la influencia de su alma, ya que ponen en primer lugar sus pensamientos, sentimientos y voluntad. De esta manera el alma gobierna a quienes no son hijos de Dios. Los creyentes también tienen alma y, como cualquier otra persona, piensan, sienten y deciden. Pero Dios no dispuso que ellos vivan bajo el gobierno de su alma sino bajo el gobierno del Espíritu Santo. El gobierno del alma es un "tapón" que aprisiona y detiene la vida del Espíritu, y provoca que el creyente sea inmaduro. Por el contrario, el gobierno del Espíritu libera la vida divina en los hijos de Dios para que vivan como Él desea y alcancen la madurez, de manera que todo lo que piensen, decidan y hagan, sea del agrado del Señor.

Jesús necesitaba trabajar con el alma de Simón, el hombre inmaduro. De no haberlo hecho, el gobierno de su alma hubiera abortado el propósito divino en la vida de Pedro, el hombre espiritual que Dios tenía en mente.

En Hechos 10:9-16, 19-20, y 24-28 verás una nueva instancia en el trabajo de Dios con el alma de Simón Pedro.

4.

¿Por qué Pedro se negó a obedecer lo que el Señor le ordenó? (v. 14)

a. Porque se aferró a sus convicciones

b. Porque no entendió lo que se le pedía

c. Porque fue indiferente

5.

¿Cuál fue la respuesta de Dios a la negativa de Pedro? (v. 15)

a. Lo que yo purifiqué, tú no lo llames impuro

b. Lo impuro no puede purificarse

c. Lo dejo a tu criterio

La situación que Pedro vivió cuando Jesús le anticipó que lo negaría no fue suficiente para que su alma dejara de tener dominio sobre él. Podría ser razonable que no hubiera aprendido la lección en esa oportunidad, porque Pedro aún no había nacido de nuevo. Sin embargo, el suceso relatado en Hechos 10 ocurrió después de que Pedro había recibido el Espíritu Santo, y cuando estaba desarrollando su apostolado. No obstante, se muestra a un Pedro que seguía siendo un poco espiritual y un poco inmaduro, porque su alma todavía tenía influencia sobre él.

Cuando Dios le mostró la visión a Pedro, y le pidió que matara y comiera de los animales, él se negó rotundamente porque esos animales eran impuros para los israelitas. Como judío, a Pedro le resultaba inaceptable que Dios le ordenara comer animales que Él mismo en su ley había declarado impuros. Era evidente que el apóstol estaba tan atado mentalmente al mandamiento, que olvidó por completo la revelación que Jesús había transmitido al expresar: *"Nada que venga de afuera puede contaminar a nadie..."*. La misma Palabra aclara que *"... Con esto Jesús estaba diciendo que todos los alimentos son limpios"* (Marcos 7:15a, 19b, RVC). Esto demuestra que Pedro, en algún sentido, estaba bajo la influencia de su alma, y esta lo guiaba a continuar dominado por su formación judía. Se aferraba a ese bagaje de enseñanzas que actuaba como una barrera cultural infranqueable y no le permitía ver lo que Dios le estaba mostrando. La cultura de su alma estaba en acción, y era un estorbo para la revelación.

6.

¿Qué debía hacer Pedro con la orden del Espíritu? (vs. 19-20)

a. Entender para poder luego obedecerla

b. Consultar con los otros apóstoles para luego obedecerla

c. Obedecerla aunque no entendiera

7.

¿Cuál fue el resultado de que Pedro obedeciera la orden del Espíritu? (v. 28)

a. No se juntó con quienes no eran judíos

b. Recibió entendimiento de la visión

c. Recibió un premio

El Señor usó la visión para cumplir un objetivo espiritual preciso en la vida de Pedro. El apóstol necesitaba entender que el Nuevo Pacto establecido por Dios estaba disponible para cualquier persona, sin excepción. Este Nuevo Pacto daba por terminado el Antiguo Pacto, el cual había sido exclusivamente para los judíos. Con esta comprensión, Pedro quitaría de su alma el concepto religioso y cultural de que la salvación era solo para los judíos, y podría manifestar el Reino de los cielos a cualquier persona sin distinción.

En la mayoría de los casos, el sentido común dirige las acciones. Por eso, alguien diría que la lógica de la razón indica que primero hay que entender, para luego obedecer. Por el contrario, para los hijos de Dios, la guía del Espíritu Santo está por encima del sentido común. *Y según la lógica del Espíritu, obedecer su voz siempre precede al entendimiento espiritual.* Esto fue lo que ocurrió cuando Pedro obedeció al Señor y fue a la casa de Cornelio. Una vez que estuvo allí, recibió el entendimiento espiritual para ver con claridad aquello que Dios le había querido mostrar desde el principio.

Para Pedro era imprescindible ser libre de su formación judía, y para ello necesitaba un completo entendimiento espiritual que rompiera cualquier dominio del alma sobre su vida. Si Pedro hubiera permitido que su alma prevaleciera sobre la orden del Espíritu, entonces se habría transformado en un "apóstol de estorbo" para los planes del Señor. La batalla del Espíritu contra los deseos del alma dura de por vida. Pedro no fue la excepción en esta batalla, ya que tiempo después de haber recibido toda esta revelación tuvo otro momento de debilidad. Ese episodio ocurrió cuando Pedro permitió que su alma lo gobernara, al dejar de comer con los gentiles por temor a los partidarios de la circuncisión (ver Gálatas 2:11-13).

El colaborador que no vence las directivas de su alma reduce el Reino de los cielos a una idea teórica, y se convierte en un estorbo en los planes del Señor. Por lo tanto, para ser útil al Señor, el

EN SOCIEDAD CON DIOS

Por lo que expresa 2ª Pedro 1:1-11, notarás que el apóstol llegó a ser un hombre 100% espiritual, un colaborador que experimentó plenamente la vida de Cristo y supo transmitirla a otros para que la practicaran en el ámbito natural.

DEFINICIÓN 1

colaborador tiene como objetivo llegar a ser 100% espiritual.

Comienza leyendo el versículo 4 del pasaje antes mencionado, transcrito a continuación:

... y debido a su gloria y excelencia, nos ha dado grandes y preciosas promesas. Estas promesas hacen posible que ustedes participen de la naturaleza divina y escapen de la corrupción del mundo, causada por los deseos humanos (NTV).

8.

¿Qué le ha dado Dios a todo ciudadano del Reino?

|___ **Una paz limitada**

|___ **Una vida sin conflictos**

|___ **La naturaleza divina**

Recibir la naturaleza divina certifica haber nacido de nuevo y haber entrado al Reino. La naturaleza divina es la vida de Dios, y por ella cada creyente llega a ser *uno solo con el Señor*.

Al decir *"participen de la naturaleza divina"*, está expresando que los creyentes llegan a ser *participantes de la misma vida que Dios tiene*. En el original griego, el término *participante* significa *propietario en común* y da la idea de *socio, asociado, compañero y cómplice*. El significado de la palabra participante no admite una actitud pasiva de aquel que ha recibido la naturaleza divina. Ser participante implica involucrarse de manera total en los intereses del dueño original de esa naturaleza: Dios.

La Biblia NVI traduce de la siguiente manera la frase que se está analizando: *"... lleguen a tener parte en la naturaleza divina"*. Es notable que esa misma versión bíblica ofrece al pie de página una traducción alternativa que está en consonancia con todo lo explicado, y dice: *"lleguen a ser **colaboradores con Dios**"*[1] (énfasis añadido). Esta traducción pone de manifiesto que el deseo de Dios para con todos sus hijos es que sean sus colaboradores directos. Además, fortalece el objetivo de este manual.

DEFINICIÓN 2

9.

Según los versículos 5 al 8 de 2ª Pedro 1, ¿qué debe abundar en el creyente para crecer en el conocimiento de Cristo?

|____ **Cualidades espirituales**

|____ **Cualidades milagrosas**

|____ **Cualidades del temperamento**

Las cualidades espirituales son propias de la naturaleza divina, recursos a disposición de todo cristiano. Sin embargo, estas cualidades no se manifiestan automáticamente, sino que requieren de la acción de los creyentes.

El ejercicio de *añadir* debe ser parte de la actitud activa de todo hijo de Dios porque sabe que la naturaleza divina lo habita. Cada uno de ellos debe trabajar espiritualmente para que estas cualidades sean evidentes y palpables en su vida. Por esta razón, el pasaje expresa que es necesario *esforzarse por añadir*. Este esfuerzo jamás podrá depender de la energía natural de un hijo de Dios, sino del poder del Espíritu que está a su disposición.

A través de este pasaje, el Espíritu Santo muestra que los creyentes experimentarán dos resultados si estas cualidades abundan en ellos: el primero, crecerán en el conocimiento de Jesucristo; el segundo, evitarán la inutilidad y la improductividad. Añadir y desarrollar cualidades espirituales es el antídoto divino contra un cristianismo estéril para con Dios y su Reino.

El colaborador que añade las cualidades espirituales a su vida, evidencia que comprendió la importancia que tiene la sociedad en la que está involucrado. En síntesis, "vio el negocio celestial".

DEFINICIÓN 3

10.

¿Qué recompensa obtiene el creyente que vive manifestando las cualidades espirituales? (vs. 10-11)

|___ **Irá al cielo**

|___ **No caerá jamás**

|___ **No será infeliz**

El discípulo que ha entendido la clase de naturaleza que lo habita, desarrolla las cualidades que se le han concedido, y está habilitado para trabajar "codo a codo" con Dios. La naturaleza divina lo impulsa a mirar hacia adelante y a avanzar. No cederá a la tentación de regresar a su antigua vida y a sus prácticas. Por eso, el apóstol afirma por el Espíritu que ese discípulo *no caerá jamás*.

Llegar a ser colaboradores de Dios suena como algo tan grande que los creyentes podrían pensar erróneamente que es una función exclusiva, reservada solo para algunos discípulos especiales; pero no es así. Esta enseñanza del Espíritu muestra que el objetivo de Dios es que todos sus hijos, sin excepción, lleguen a ser sus colaboradores directos. Cuando los creyentes reconocen lo que son y lo que tienen en Cristo Jesús, se transforman en instrumentos valiosos del Señor para trabajar con los recién nacidos espiritualmente, a quienes Dios está formando.

El colaborador que está enfocado "ve el negocio celestial" y sabe que es socio del Señor en los intereses del Reino. En definitiva, este es el colaborador que puede vivir *como Dios manda*.

Por la valiosa enseñanza que suministra el pasaje escrito por el apóstol Pedro, pudiste descubrir las definiciones que ahora te llevarán al octavo concepto aplicable hoy.

OCTAVO CONCEPTO APLICABLE HOY

El colaborador tiene parte

en _____ _____ _____,

y al abundar

en _____ _____ _____

_____ _____.

Declaración para la Iglesia de Jesucristo,
que va *más allá del liderazgo:*

Declaramos colaboradores llenos de determinación y firmeza espiritual, porque viven como Dios manda, al ser 100% espirituales y 0% inmaduros.

1 La Santa Biblia, Nueva Versión Internacional, NVI, Copyright © 1999 por Bíblica, Inc., publicada por Editorial Vida, Miami, Florida, EE. UU., 2010, pág. 1828.

MODELO DE VIDA

UNIDAD 8

OBJETIVO

Que los colaboradores vivan en un mismo espíritu, para transformarse en modelos de vida dignos de imitar.

ORACIÓN

Padre, te glorificamos por la grandeza inconmovible de tu Reino, y te agradecemos por hacernos dignos de él. Te pedimos que tu Iglesia camine en un mismo espíritu, siendo de una misma mente y un mismo parecer, con el propósito de guardar la unidad del Espíritu, para que el mundo crea. Padre, declaramos que tu pueblo está firme en la gracia y la paz de Cristo. En el nombre de tu Hijo Jesús, amén.

LA INFLUENCIA DE UN ESPÍRITU

Que el colaborador sea dócil y sensible al Señor para ser completamente libre del gobierno de su alma, no significa haber llegado al final del camino. Existe un aspecto espiritual que es sumamente importante conocer, y que podrás discernir a continuación.

Leyendo 1° Samuel 17:11, 24, 33, 45-47, 50-53, descubrirás cuál es la influencia que ejerce la transmisión de un espíritu.

1.

¿Cuál fue el espíritu que dominó al ejército de Israel? (v. 11)

a. Precaución

b. Miedo

c. Evasión

2.

Según el versículo 11, ¿quién encabeza la lista de los que tuvieron miedo?

a. El ejército

b. Los filisteos

c. El rey Saúl

3.

A tu entender, ¿por qué el ejército de Israel tuvo miedo?

a. Porque Goliat era muy fuerte

b. Porque Saúl era su autoridad

c. Porque no tenía fe

4.

¿Qué le transmitió Saúl a David, al conversar con él?

a. Las instrucciones para enfrentar a Goliat

b. Cómo usar las armas de guerra

c. El temor a un fracaso seguro

5.

¿Cuál fue el espíritu que David transmitió a través de sus palabras?

a. De fe

b. De cobardía

c. De soberbia

6.

¿Cuál crees que fue la razón por la que el ejército pudo hacer lo que antes no había podido?

a. Que Saúl lo posicionó para la victoria

b. Que se estimuló a sí mismo

c. Que David le infundió el espíritu correcto

¡Qué trascendente es la transmisión de un espíritu! La derrota o la victoria del ejército de Israel no dependieron de su capacidad, del entrenamiento, de las armas o de las estrategias de guerra, sino de la transmisión de un espíritu. La actitud del ejército fue el resultado del espíritu de la persona que lo dirigía. Saúl, como rey, fue dominado por un miedo que consternó a todos sus guerreros. Por el contrario, cuando David aceptó el reto de Goliat, infundió un espíritu de fe y de victoria que le permitió al ejército despojarse del temor y luchar hasta vencer.

El colaborador necesita estar consciente de un principio que opera invariablemente: *las palabras y las acciones son el resultado de un espíritu dominante.* Saúl y David fueron un ejemplo palpable de esta realidad.

Aunque ninguno tuvo la intención deliberada de transmitir su espíritu, comprobaron el cumplimiento de este principio en la conducta de los guerreros. Y a pesar de que el ejército no esperó ser permeado por un espíritu que lo dominara, ocurrió así indefectiblemente.

A través del relato bíblico observaste el poder impactante que tiene la transmisión de un espíritu. Este ejemplo debe servirle al colaborador como una alerta máxima, a fin de discernir qué clase de espíritu transmite a los demás.

7.

De acuerdo con 2ª Timoteo 1:7, ¿cuál es la clase de espíritu que el Señor dio a sus hijos?

a. De cautela

b. De poder, de amor y de dominio propio

c. De astucia

El Señor ha provisto a sus hijos de todo lo necesario para que expresen la vida de Cristo en todas las áreas. El consejo mencionado en este versículo estaba dirigido a Timoteo, quien llegó a ser, sin duda, un colaborador valioso del Señor.

Cuando el colaborador depende de sí mismo para realizar su función, transmitirá un espíritu que refleje sus debilidades y falencias. Pero cuando está lleno del Señor, siempre transmitirá todo lo que proviene del Espíritu de Cristo.

EL VALOR DE UN MISMO ESPÍRITU

Todos los creyentes deben comprender que ser miembros del cuerpo de Cristo implica una responsabilidad ineludible: deben vivir en *un mismo espíritu*. A continuación, verás que existe una relación vital entre la transmisión de un mismo espíritu y la funcionalidad del cuerpo de Cristo.

8.

Habiendo leído 1ª Corintios 1:10, responde: ¿Cómo pueden los miembros de la Iglesia lograr ser uno en su manifestación externa?

a. Esforzándose para ponerse de acuerdo

b. Sacrificando algunas convicciones personales

c. Viviendo en un mismo espíritu, unidos en pensamiento y propósito

9.

Según 2ª Corintios 12:16-18, ¿cuál fue el sello que identificaba tanto a Pablo como a Tito?

a. Que procedían en un mismo espíritu

b. Su amor por los hermanos

c. Su autoridad apostólica

Todos los redimidos por Cristo deben vivir en *un mismo espíritu* porque forman parte de su cuerpo. A todo cristiano individualista le es imposible vivir integrado a los demás miembros del cuerpo, porque está cargado de sus pensamientos y sentimientos. En cambio, cuando se despoja del individualismo, está en condiciones de verse integrado a los demás miembros y de responder de manera natural y automática a la única cabeza de ese cuerpo, Jesucristo.

Cuando Pablo afirmó que él y Tito *procedieron con el mismo espíritu y siguieron el mismo camino*, mostró que ellos eran un ejemplo palpable de cuál debe ser la armonía espiritual entre los miembros, y cómo deben funcionar de manera práctica. *Tener un mismo sentir, un mismo pensar, un mismo parecer y una misma mente, la de Cristo, es tener un mismo espíritu.*

A través de la lectura de Filipenses 3:15-16 observarás en qué consiste vivir en un mismo espíritu de manera práctica.

10.

¿A quiénes se les pide tener el mismo modo de pensar?

a. A algunos privilegiados

b. A los perfectos

c. A los que son metódicos

11.

Según la instrucción del Espíritu por medio de Pablo, ¿qué deben hacer aquellos que piensan diferente?

a. Confiar en que Dios les hará ver lo que todavía no han visto

b. Seguir firmes y sin ceder en su modo de pensar

c. Abstenerse de hablar de lo que piensan

12.

¿Qué frase describe la actitud aconsejada por Pablo a los creyentes?

a. Esforzarse para llegar a tener el mismo modo de pensar

b. Ceder para no causar división

c. Vivir de acuerdo con aquello que ya han alcanzado

El tema central en el capítulo 3 de Filipenses, sobre el cual gira la enseñanza, es que todo creyente alcance la meta suprema: *conocer a Cristo*. En el marco de esta enseñanza, Pablo hizo un llamado particular a los perfectos o maduros a mantener la misma manera de pensar y a exhibir una conducta acorde con la revelación del Señor. No obstante, si pensaban diferente, el Señor les revelaría la verdad que Pablo les estaba enseñando, para que todos tuvieran el mismo pensamiento. Quiere decir que no debe existir la diversidad de pensamientos en asuntos espirituales dentro del cuerpo de Cristo. Más bien, todos los creyentes deben llegar a tener el mismo modo de pensar y perseverar en ello, como prueba de su madurez espiritual. A medida que los miembros del cuerpo van conociendo al Señor, crece entre ellos la unidad de pensamientos y sentimientos, y la mente de Cristo fluye con mayor libertad.

Pablo exhortó a los creyentes en Filipos a vivir en la dimensión de lo que ya habían alcanzado, y no por debajo de ella. En este sentido, toda revelación del Señor se convierte en una norma o regla a seguir, la cual establece la medida para la vida comunitaria de la Iglesia.

Cuando un cristiano alcanza un nivel de entendimiento espiritual, no debe vivir debajo de ese estándar, porque si así lo hiciera, estaría pecando contra el Señor y perjudicando a la iglesia local de la cual forma parte.

Andar en un mismo espíritu no es una utopía espiritual; *es una vivencia que requiere darle muerte al individualismo, que opera como un asesino de la revelación y de la unidad práctica de la Iglesia.*

MANTENERSE A LA ALTURA DE LO REVELADO

A través de Hechos 15:36-41, comprobarás que *vivir en un mismo espíritu* se asemeja a un valioso tesoro.

13.

El equipo apostólico conformado por Pablo y Bernabé fue constituido por voluntad de Dios. Entonces, ¿cómo debe ser considerado el desacuerdo que hubo entre ellos?

a. Como una simple diferencia de opiniones entre personas

b. Como una situación que no tenía ninguna importancia

c. Como un estorbo que les impidió permanecer en un mismo espíritu

14.

¿Cuál crees que fue la decisión que Dios aprobó?

a. La de Pablo

b. La de Bernabé

c. La de ninguno de los dos

15.

¿Cómo debe entenderse que la iglesia en Antioquía encomendó a Pablo?

a. Que Pablo era más ungido que Bernabé

b. Que aprobó la decisión de Pablo

c. Que actuó con favoritismo

Dios escogió a Pablo y a Bernabé para formar un equipo apostólico (ver Hechos 13:1-3). Por lo tanto, ellos debían demostrar la unidad de espíritu que debe primar en todo aquello que Dios constituye.

El desacuerdo entre los apóstoles quebrantó la unidad espiritual y les impidió vivir y trabajar en un mismo espíritu, lo cual resultó en la separación entre ambos. En resumen, lo que Dios había unido, fue separado por el hombre.

Pablo y Bernabé eran creyentes maduros que habían recibido del Señor una misma revelación acerca de los asuntos espirituales. Por tal motivo, y más aun siendo personas que Dios mismo escogió para conformar un equipo apostólico, debían caminar en un mismo espíritu, es decir, en un mismo sentir, un mismo parecer y una misma mente. Sin embargo, cuando dialogaron sobre llevar a Juan Marcos en su siguiente viaje, surgió un conflicto entre ellos. La razón de la disensión fue que Bernabé quiso llevar a Juan Marcos, sin tomar en cuenta que los había abandonado en Panfilia, y no había seguido con ellos en la labor apostólica (ver Hechos 13:13). Se desconocen las razones por las que Juan Marcos decidió abandonar el equipo apostólico, ya que la Biblia no las registra. Más allá de esto, se puede entender que debió ocurrir algo significativo para que Pablo se negara rotundamente a que Juan Marcos los acompañara en el siguiente viaje.

Pablo y Bernabé compartían la misma revelación divina y conocían claramente un principio espiritual: *el Señor estableció que su obra se debe realizar en un mismo espíritu.* El conflicto entre ellos trajo como consecuencia una diferencia de pensamiento de tal gravedad, que evidenció la falta de unidad espiritual y terminó en la ruptura del equipo apostólico.

Desde una perspectiva natural, se podría pensar que Pablo fue muy rígido e intransigente, al aferrarse a su idea de no llevar a Juan Marcos. Esta actitud se interpretaría como una completa falta de misericordia, consideración y espíritu de restauración hacia Juan Marcos. Sin embargo, la Biblia demuestra que esto no fue así, ya que hay evidencias de que tiempo después, Juan Marcos volvió a unirse a Pablo en el trabajo ministerial (ver Colosenses 4:10, 2ª Timoteo 4:11, Filemón 24). Por otra parte, se podría deducir que Bernabé estaba haciendo lo correcto, ya que, en honor a su nombre que significa *hijo de consolación* (ver Hechos 4:36), estaba teniendo una actitud de amor, dándole a Juan Marcos una nueva oportunidad de que fuera restaurado a su función ministerial.

Para poder hacer una deducción espiritual adecuada, es necesario observar que además de este hecho en donde Bernabé procuró avalar a Marcos, la Biblia registra otro hecho de importancia. En la carta a los Gálatas, se narra que Pedro comía con los gentiles, pero se apartó de ellos cuando llegaron los partidarios de la circuncisión. A Pedro se le unieron otros judíos en esta simulación, de la que Bernabé también participó porque "... *se dejó arrastrar por esa conducta hipócrita*" (ver Gálatas 2:12-13). Estos hechos evidencian que al menos en estas dos situaciones analizadas, Bernabé no se mantuvo a la altura de la revelación del Señor.

El pasaje bíblico relata que la iglesia en Antioquía encomendó a Pablo a la gracia del Señor para el viaje apostólico que realizaría junto con Silas. Esta mención no es casual ni se debe tomar a la ligera. La acción de la iglesia no fue un acto protocolar para quedar bien con Pablo, ni tampoco un trámite espiritual irrelevante que se debía realizar. En realidad, fue como un sello de aprobación hacia Pablo y demuestra que la Iglesia, guiada por el Espíritu Santo, avaló la decisión del apóstol. Cabe acotar que el relato bíblico no registra que Bernabé haya sido encomendado por la Iglesia para emprender el viaje apostólico, como lo hizo con Pablo.

LA CLAVE PARA TRANSMITIR UN MISMO ESPÍRITU

Al reflexionar en todo lo aprendido, te habrás dado cuenta de que es vital para la Iglesia vivir en un mismo espíritu. Por esa razón no se debe descuidar, ni por un momento, aquello que el Señor ha revelado.

Filipenses 4:9 sirve de ejemplo sobre cómo ser eficaz para transmitir un mismo espíritu.

16.

¿Por qué consideras que Pablo quería que los filipenses se ajustaran a lo que aprendieron, recibieron, oyeron, y que también vieron en él?

a. Porque al ser apóstol era superior a ellos

b. Porque todo lo que les había impartido, provenía del Señor

c. Porque quería tener control sobre ellos

El versículo que leíste muestra que Pablo había transmitido un mismo espíritu a los creyentes de Filipos. Gracias a esto aprendieron, recibieron, oyeron y vieron todo lo que Pablo pudo demostrar. Es evidente que esa transmisión espiritual tuvo efecto en ellos, porque todo lo que habían recibido de Pablo, era real en la vida del apóstol.

17.

¿Qué debían hacer los filipenses con todo lo que Pablo les transmitió?

a. Practicarlo

b. Analizarlo

c. Desecharlo

18.

Si los filipenses eran fieles en practicar lo que Pablo les impartió, ¿qué transmitirían a los demás?

a. Un espíritu de grandeza

b. Un espíritu de control

c. Un mismo espíritu

Para que fluyera la transmisión de un mismo espíritu, era indispensable que los filipenses practicaran todo lo que Pablo les había impartido, porque esa transmisión no se limitaba a recibir y enseñar una buena doctrina. Los creyentes no podían conformarse con escoger practicar algunas cosas y desechar otras, basándose en su propio criterio.

La eficacia de vivir en un mismo espíritu entre los miembros del cuerpo de Cristo, y transmitirlo a los demás, depende de que todos tengan el mismo pensar, el mismo sentir, la misma motivación y la misma enseñanza que había en el apóstol. A la luz de este entendimiento espiritual, los colaboradores se vuelven eficaces en transmitir un mismo espíritu, cuando practican todo lo que han recibido y son coherentes entre lo que dicen y hacen.

RECURSOS INDISPENSABLES PARA LA TRANSMISIÓN DE UN MISMO ESPÍRITU

Hay cuatro palabras claves que Pablo expresó a los filipenses: *aprendieron, recibieron, oyeron y vieron.* Fue tan grande y amplio todo lo que Pablo entregó a los filipenses, que hoy no se podría medir. Sin duda, la tarea del apóstol como colaborador del Señor fue mucho más grande de lo que esas palabras reflejan. Si bien es cierto que la dimensión es muy amplia, es necesario tomar como base esas palabras para descubrir algunos recursos que todo colaborador debe considerar indispensables para la transmisión de un mismo espíritu.

DEFINICIÓN 1

19.

Entre las cosas que los filipenses aprendieron de Pablo, se encuentra la doctrina. ¿Qué clase de doctrina les enseñó?

|____ **Doctrina legalista**

|____ **Doctrina apostólica**

|____ **Doctrina moral**

DEFINICIÓN 2

20.

Pablo comprendía la importancia de que toda la Iglesia tuviera una misma manera de pensar. ¿Cuál crees que fue la clase de mentalidad que cada creyente filipense recibió de Pablo?

|____ **Mentalidad de campeón**

|____ **Mentalidad de necesitado**

|____ **Mentalidad de enviado**

DEFINICIÓN 3

21.

¿Qué clase de enseñanza oía la Iglesia en Filipos, a través de Pablo?

|____ **Enseñanza revelada**

|____ **Enseñanza filosófica**

|____ **Enseñanza psicológica**

DEFINICIÓN 4

22.

¿Qué veían los filipenses en Pablo?

|____ **Ambición de poder**

|____ **Modelo de vida**

|____ **Interés económico**

Sin duda, parte de todo aquello que los filipenses *aprendieron* de Pablo fue la *doctrina apostólica.* Esta ha sido y sigue siendo el fundamento doctrinal irreemplazable para la Iglesia (ver Hechos 2:42). Los apóstoles no enseñaban diferentes corrientes teológicas a la Iglesia, sino una misma y única doctrina, cuidándola de la contaminación de herejías. Hoy la Iglesia debe regresar a la pureza doctrinal apostólica.

En Filipos, cada creyente *recibió* una *mentalidad de enviado* que Pablo transmitió. No se puede pensar que esta mentalidad pertenecía solo a Pablo porque desempeñaba la función de apóstol; más bien, es la mentalidad que habitó en Cristo, y que también debe habitar en la Iglesia de todos los tiempos.

Al leer el Nuevo Testamento se puede percibir una influencia apostólica sobre toda la Iglesia, gracias a la tarea de los apóstoles. Por esa razón, se puede decir que la iglesia tenía mentalidad apostólica; pero no se puede deducir que esa característica de la Iglesia haya desaparecido. A continuación, verás que la característica apostólica sigue vigente.

Lo primero que hay que recordar es que el significado de la palabra apóstol es *enviado.* Jesús fue el *enviado* de Dios para salvar a la humanidad. Su objetivo es que todos aquellos que son salvos, también sean *enviados.* ¿De qué manera ocurre esto? Cuando una persona nace de nuevo, recibe la vida y la naturaleza de Cristo. *Si la* naturaleza de Jesús es de enviado, entonces todo hijo de Dios también es enviado, por el simple hecho de que recibió esa misma naturaleza. Por esta razón, cuando Jesús oró al Padre por sus discípulos, dijo: "Como tú **me enviaste** al mundo, **yo los envío** también al mundo" (Juan 17:18, énfasis añadido). Antes de ascender, el Señor les dijo a los suyos: "... **vayan** y hagan discípulos de todas las naciones" (Mateo 28:19, énfasis añadido). Así que en los genes de la Iglesia está su condición de enviada. Hoy la Iglesia sigue yendo a todas las naciones para hacer discípulos. ¿Por qué puede hacerlo? Porque tiene la naturaleza de enviada. La afirmación de que la Iglesia es apostólica por naturaleza se basa en la esencia que el Señor le concedió cuando la creó, y no en una moda o en una desviación doctrinal. Por eso, la Iglesia es la única que recibió del Señor la autoridad para representarlo en el mundo.

Un enviado es aquel a quien se le encarga una tarea o misión, y se lo envía a cumplirla. De este concepto surgió en la Iglesia la palabra misionero. Algunos sectores de la cristiandad denominan misionero a quien consideran como el único enviado del Señor, ya que debe dejar su lugar de origen para ir a otro lugar, casi siempre desconocido, y allí realizar su misión. Sin embargo, la enseñanza apostólica del Nuevo Testamento demuestra que cada hijo de Dios es un enviado del Señor, aunque nunca se mueva de su lugar de origen. Un ejemplo de esta verdad se puede leer en los capítulos

6 y 7 de Hechos, donde se menciona a Esteban, quien sin duda actuó como un poderoso enviado del Señor sin salir de Jerusalén. Queda claro que ser un enviado de Dios no tiene ninguna relación con salir de un lugar para ir a otro. Por esta razón, *cada miembro del cuerpo de Cristo es siempre un enviado de Dios donde quiera que esté, aunque desarrolle su tarea en el mismo lugar durante toda su vida.*

Seguramente, la iglesia en Filipos *oyó* muchos consejos y enseñanzas de Pablo. Nadie duda de que las palabras del apóstol tuvieran vida espiritual y fueran eficaces, porque provenían de la *enseñanza revelada* por el Espíritu Santo.

Aquello que los filipenses *aprendieron, recibieron,* y *oyeron* de Pablo, fue congruente con lo que *vieron* en él: un *modelo de vida* a imitar. Pablo pudo ser un modelo de vida porque todo lo que transmitía era del Señor, confirmado por una coherencia espiritual entre sus palabras y sus acciones.

El apóstol no pretendió ser el centro de atracción; su objetivo fue que los creyentes practicaran todo lo que él les había mostrado. De esa manera, serían colaboradores del Señor, fieles en transmitir un mismo espíritu. Este camino es el mismo que el colaborador debe seguir al desarrollar su tarea. Para el colaborador es sustancial comprender que:

- La doctrina apostólica es su fundamento.
- La mentalidad de enviado, lo impulsa a darse a sí mismo por el bien de otros.
- La enseñanza revelada por el Espíritu es la única que debe transmitir a los demás.

Cuando el apóstol Pablo transmitió estas verdades a los filipenses, estaba mostrándoles de manera práctica cómo vivir en un mismo espíritu. Al colaborador se le ha delegado la misma tarea: mostrar a los que están siendo formados por el Señor cómo vivir en un mismo espíritu.

El conjunto de las definiciones examinadas constituye el noveno concepto aplicable hoy.

NOVENO CONCEPTO APLICABLE HOY

El colaborador imparte _____ _____,

ejercita la _____ _____

_____,

comparte la _____

_____

y es _____ _____ _____.

En resumen, las palabras y acciones del colaborador requieren de un respaldo fundamental, su propia vida. Por esta razón, el colaborador es impulsado por el Señor a ser un *modelo de vida* digno de imitar. Es consciente de que *su vida siempre hablará más fuerte que sus palabras.*

Declaración para la Iglesia de Jesucristo,
que va *más allá del liderazgo:*

Declaramos una multiplicación de colaboradores que se reconocen como enviados del Señor y viven en un mismo espíritu, por lo que son un modelo de vida digno de imitar.

LAS SEÑALES DE UN COLABORADOR

SECCIÓN III

LAS MARCAS DEL
COLABORADOR UNIDAD 9

OBJETIVO

Que los colaboradores identifiquen las marcas internas y externas que deben ser distintivas en sus vidas para mantener el enfoque correcto.

Padre, te agradecemos por el ejemplo perfecto de Jesucristo, quien por lo que padeció, aprendió la obediencia. Nos disponemos a ser moldeados por ti, para que las marcas internas y externas de Cristo sean incorporadas a nuestro ser, de tal modo que seamos eficaces en el propósito que nos has confiado.

Padre, declaramos que tu pueblo está firme en la gracia y la paz de Cristo. En el nombre de tu Hijo Jesús, amén.

ORACIÓN

EL ENFOQUE
CORRECTO

¿Imaginas a un Jesús disperso, desordenado, olvidadizo, levantándose temprano para consultar con sus discípulos qué hacer, qué ciudades recorrer y en qué lugares predicar la Palabra? Si tú fueras uno de los discípulos de ese "supuesto Jesús", ¿confiarías en su dirección para tu vida? ¿Lo considerarías un ejemplo digno de imitar? ¿Permitirías que él te enseñara?

¿Estarías dispuesto a andar con alguien que tiene esas características? Seguramente tu respuesta sería: ¡No!

Pero imagina cómo te sentirías si comprobaras que tu comportamiento es similar al de ese "supuesto Jesús". Aunque resulte incómodo reconocerlo, éste es el comportamiento de cualquier colaborador que actúa de manera inconstante, dispersa y desenfocada, haciendo que su labor resulte improductiva en la vida de quienes están a su cuidado. Cuando esto ocurre, la ausencia de logros es consecuencia de la conducta inadecuada del colaborador, y no de las circunstancias o de la falta de interés de las personas.

¡Qué alivio es saber que ese "supuesto Jesús" nunca existió! El *único y verdadero Jesús* que estuvo en el mundo, vivió estrictamente enfocado, y su ejemplo de vida es el modelo que el colaborador debe imitar.

Hay marcas indispensables y distintivas que el Señor hará en la vida de todo colaborador. Para comprender cabalmente el significado de una marca, lee una verdad escrita por Pablo:

De aquí en adelante nadie me cause molestias, que yo llevo en mi cuerpo las marcas del Señor Jesús.

Gálatas 6:17, RVC (énfasis añadido).

1.

Además de las marcas que Pablo tuvo en su cuerpo, debió experimentar otras marcas no mencionadas en el versículo. Deduce cuáles fueron:

a. Morales

b. Internas

c. Ninguna

La palabra *marca* en el original griego implica un *estigma*, es decir, una señal o huella; da la idea de marcar a una persona, haciéndole una incisión o perforación (como la que se le hacía a un esclavo) para indicar que es propiedad de alguien. Denota también una cicatriz de servicio.

Más allá del origen de las marcas físicas del apóstol, hay algo trascendente en la enseñanza: las marcas demostraban que Pablo era *propiedad de Cristo*. El apóstol sabía que su vida pertenecía solo al Señor; por ese sentido de propiedad, no se distraía del propósito que lo ocupaba y mantenía el enfoque correcto, ya que se debía a su Señor y dueño.

Cuando el colaborador se reconoce muerto a sí mismo, se le revela un genuino sentido de propiedad. Cuando permanece en ese estado de muerte, Dios puede trabajar en su vida, y cada etapa de la obra que el Señor concluye deja una marca indeleble en el colaborador, certificando que su vida pertenece al Señor. En resumen, *cada marca que Dios hace en la vida del colaborador es indeleble y sirve como certificado de propiedad.*

Una marca se hace notoria y visible por medio de una cicatriz. Todo colaborador tiene cicatrices que exhiben la obra del Señor en su vida, las cuales son su credencial personal y ratifican su certificado de propiedad.

A través del ejemplo de Jesús, verás algunas marcas internas que son fundamentales en la vida del colaborador.

MARCAS INTERNAS

Leyendo Juan 4:34; 5:30; 6:38 y Lucas 22:42 podrás descubrir una de las primeras marcas internas de Jesús.

DEFINICIÓN 1

2.

¿Cuál es la determinación interna que se requiere del colaborador, para que sea eficaz?

|___ **Hacer la voluntad divina**

|___ **Ser guiado por su intuición**

|___ **Hacer lo que siente**

Las palabras *"... no se cumpla mi voluntad, sino la tuya"*, fueron la señal más sublime de que Jesús tenía una profunda marca en su interior: hacer la voluntad divina. Esa marca le dio la fortaleza para enfrentar ese momento crucial en su vida cuando se dispuso a sufrir las heridas que recibiría en la cruz.

Parece imposible que un individuo logre renunciar por completo a su voluntad personal. Pero en el caso del colaborador es indispensable que lo haga, así como lo hizo Jesús. Sin esta renuncia voluntaria, experimentará una mezcla de la voluntad divina con la humana, y no podrá vivir en la perfecta voluntad de Dios. Por el contrario, cuando el colaborador renuncia a sí mismo, puede ver la voluntad de Dios cumplida en su vida y ejerce una influencia benéfica en quienes están siendo formados por el Señor.

Descubre la segunda definición a través de Juan 5:19; 12:49-50 y 14:10, 31.

DEFINICIÓN 2

3.

¿Qué marca interna fundamental debe evidenciar el colaborador?

|____ **Depender de la oración**

|____ **Depender de la ley**

|____ **Depender de la autoridad**

Jesús vio a Dios no solo como su Padre, sino también como su autoridad. Por esa razón, no hacía las cosas a su antojo sino respetando la fuente de donde recibía su autoridad. Por reconocer a su Padre como autoridad, la unción reposaba sobre Él y podía realizar su misión en el mundo.

El colaborador bien enfocado es aquel que ha recibido la revelación de lo que significa la autoridad, por lo tanto, busca agradar a Dios en todas sus acciones, sujetándose a las autoridades espirituales que Él ha constituido.

Para encontrar la siguiente marca que te permitirá descifrar la tercera definición, lee Lucas 5:15-16 y Juan 6:15.

DEFINICIÓN 3

4.

¿Qué marca interna relevante hace que el colaborador realice su labor de acuerdo con el plan de Dios?

|___ **Estar enfocado en su propósito**

|___ **Estar enfocado en la gente**

|___ **Estar enfocado en el propósito divino**

El Señor Jesús se enfrentó a situaciones que se podrían denominar tentadoras para cualquier ser humano. ¿Quién no es tentado al ser seguido por multitudes? ¿Quién no es tentado si tiene tanta popularidad que las personas quieren convertirlo en gobernante, aun sin hacer campaña política o publicitaria? No caben dudas de que situaciones como estas, llenan el ego y alimentan el orgullo de cualquier persona. Sin embargo, a Jesús nunca lo guio la influencia popular ni el deseo humano por el éxito. Al contrario, se apartó a lugares en los que podía estar solo y orar al Padre. ¿Qué buscaría en esa intimidad? ¿Cuál sería su oración? Aunque la Biblia no dé la respuesta explícita, el relato de la vida del Señor deja ver que Él siempre se enfocó en el propósito divino para sí mismo y para los demás.

El propósito divino está relacionado con los planes específicos de Dios para toda persona y situación. Ese propósito debe ser la motivación principal para que todo hijo de Dios desarrolle su vida en este mundo. Ahora bien, siempre habrá distracciones que pretendan desviar al creyente de lo que el Señor ha destinado para él; pero su éxito consistirá en apartarse de esas distracciones y mantenerse firme en lo que el Señor le ha mostrado.

El colaborador puede dejarse llevar por algunas de las trampas del éxito humano. Una de ellas es que la gente a quien ministra ocupe el lugar predominante y el propósito del Señor pase a segundo plano. Otra trampa sutil es intentar disfrazar los deseos y las ambiciones del corazón como si fueran el propósito divino, aunque en realidad solo se trate de un propósito personal. Este engaño corrompe de tal manera el corazón del creyente, que queda hechizado y completamente alejado del propósito divino.

El colaborador debe tener claro que el propósito divino es el fundamento para llevar a cabo su tarea con la gente. Mientras esté enfocado en ese propósito tanto para su vida como para quienes están a su cuidado, hará la tarea que el Señor le encomendó sin desviarse. Será una labor realizada con el espíritu correcto, sin estar contaminada por el egoísmo personal.

Leyendo Juan 13:1, y 15:9, 12-13, encontrarás la cuarta marca y su correspondiente definición.

DEFINICIÓN 4

5.

¿Cuál es la marca interna que
identifica el compromiso
del colaborador?

|___ **Consideración por la gente**

|___ **Amor a las personas**

|___ **Afecto natural por la gente**

El colaborador trabaja con personas, por lo que para ser efectivo en su labor necesita comprobar en su interior que lo motiva una marca fundamental: *el amor de Dios derramado por el Espíritu en su corazón* (ver Romanos 5:5). No es amor humano, mucho menos un amor que busca algo a cambio, sino el sublime amor divino que da todo por los demás.

Por la luz que has recibido, estás en condiciones de completar el décimo concepto aplicable hoy.

DÉCIMO CONCEPTO APLICABLE HOY

Las marcas internas del colaborador son

_____ ___ _____
_____,
_____ ___ _____
_____,
_____ ___ ___ _____
_____,
y tener _____ _____ _____
_____.

Seguidamente, verás algunas marcas externas que exhiben aquellos que son propiedad de

MARCAS EXTERNAS

Cristo. Busca Mateo 5:10-11, 16, 19-20, 39-45, y Romanos 14:17 para identificar la primera marca externa.

DEFINICIÓN 1

6.

¿Qué clase de vida manifiesta el colaborador?

|___ **La clase de vida del Reino**

|___ **La clase de vida social**

|___ **La clase de vida del ministerio**

La clase de vida del Reino se basa en principios divinos que representan una verdadera contracultura, porque es completamente contraria al estilo de vida del mundo y a los parámetros establecidos por la sociedad. Hoy en día, la gente vive frustrada, busca llenar sus vacíos, está muy dispersa y desperdicia su tiempo. Esto es característico de una vida sin Dios. Pero es peor aún que muchos creyentes experimentan un tipo de vida similar, porque no están centrados en vivir y mostrar la clase de vida del Reino.

Por estar en el Reino, el colaborador tiene una visión diferente de la vida. No está centrado en comer, beber y pasarla bien, sino en practicar la justicia, la paz y la alegría que produce el Espíritu Santo, porque son los ejes centrales sobre los que gira la clase de vida del Reino.

En Lucas 6:12-13, Mateo 13:11, y Marcos 4:34 podrás identificar la segunda marca externa.

DEFINICIÓN 2

7.

¿Qué distingue a un colaborador?

|___ **Su imagen**

|___ **Su interés**

|___ **Su elocuencia**

Jesús tuvo un interés especial en sus discípulos, porque ellos habían renunciado a todo por seguirlo y estuvieron dispuestos a ser formados por Él. Por otra parte, el Señor sabía que invertirse en ellos resultaría en beneficio del Reino de los cielos.

De la misma manera, el colaborador pone su interés en las personas que están a su cuidado, porque Cristo se está formando en ellas. Sabe que esos creyentes han decidido seguir al Señor, y que son de un valor incalculable para el Reino. Consciente de esta verdad, el colaborador se interesa por ellos y se entrega sin reservas.

Considera Lucas 6:40 y Juan 13:14-15 para comprobar la tercera marca externa.

DEFINICIÓN 3

8.

¿Qué debe ser el colaborador para aquellos a quienes el Señor está formando?

|___ **Ejemplo**

|___ **Consejero**

|___ **Instructor**

Se suele decir que "un ejemplo vale más que mil palabras". La enseñanza del colaborador puede ser profunda y reveladora, pero finalmente su ejemplo de vida impresionará y dejará huella en quienes están siendo formados por el Señor. Por consiguiente, el colaborador procura crecer día a día en estatura espiritual para estimular el crecimiento de los que están a su cuidado.

Haber analizado las marcas externas de un colaborador te permitirá concluir con el undécimo concepto aplicable hoy.

UNDÉCIMO CONCEPTO APLICABLE HOY

Las marcas externas de un colaborador son

_____ _____ _____ _____,

___ _____ por quienes el Señor está

formando, y su _____ de vida para cada

uno de ellos.

Declaración para la Iglesia de Jesucristo,
que va *más allá del liderazgo:*

> *Declaramos una Iglesia colaboradora, que lleva en sí misma las marcas de Cristo y exhibe las cicatrices como credencial de su autoridad, gobierno y gloria.*

MAGNETISMO
DIVINO
UNIDAD 10

OBJETIVO

Que los colaboradores posean la misma visión profética de Cristo, para ver a la Iglesia como la única que puede atraer a las naciones de la Tierra hacia Él.

Cuando Jesús estuvo en el mundo, *"... anduvo haciendo el bien y sanando a todos los que estaban oprimidos por el diablo..."* (Hechos 10:38). Más allá de este hecho, su principal *campo de acción* no fue la gente que formaba parte de las multitudes, sino un pequeño grupo de discípulos a los que constituyó apóstoles.

CAMPO DE ACCIÓN

¿Por qué Jesús procedió así? ¿No habrá sido un error "desperdiciar" la posibilidad de entrenar a una infinidad de personas que se hubieran multiplicado rápidamente? Para el razonamiento lógico seguramente sí; en el pensamiento de Jesús, no. Con la finalidad de discernir cuál es su principal campo de acción, el colaborador debe entender por qué Jesús se invirtió por completo en un pequeño grupo de discípulos.

1.

En 2ª Timoteo 2:2, se especifica cuál debe ser el principal campo de acción de un colaborador:

a. Personas inteligentes y comprometidas

b. Personas dignas de confianza y capaces de enseñar

c. Personas muy aptas para enseñar que lleguen a ser confiables

El colaborador debe tener claridad acerca de las cosas del Espíritu, para comprender que "el orden de los factores altera el producto". Ser digno de confianza, o fiel, debe ser la base que sustente la capacidad que alguien puede tener o su idoneidad. Míralo así: Pablo, como colaborador de Dios, se había invertido en Timoteo para que él, como colaborador, se invirtiera en creyentes fieles y aptos que llegaran a ser colaboradores. En resumen, *el colaborador se invierte en aquellos que se convertirán en colaboradores, para que ellos se inviertan en quienes también serán colaboradores.*

¿Ahora entiendes a Jesús? Él no vio a un insignificante grupo de personas; vio a doce hombres como los colaboradores que se proyectarían con un efecto multiplicador excepcional, para alcanzar a las multitudes en las naciones.

En la actualidad, hablar de multitudes es referirse a dos grandes segmentos de seres humanos. El primer segmento incluye a todos aquellos que son parte de la herencia que Dios le entregó a Cristo (ver Salmo 2:8), pero que todavía no han nacido de nuevo. El Señor Jesús dejó en manos de la Iglesia, como su *coheredera* (ver Romanos 8:17), la responsabilidad de tomar la herencia conformada por quienes aún no son hijos de Dios en las naciones de la Tierra.

El segundo segmento está constituido por quienes se consideran parte del cuerpo de Cristo, pero no lo son, porque nunca se han convertido en discípulos; su fe en Jesús solamente busca obtener beneficios, pero no viven para el Señor ni para su Reino. *Esta gente busca lo que Cristo da, no lo que Cristo es.*

Quienes están siendo formados por el Señor viven otra realidad. Son aquellos que día a día aman a Cristo por sobre todas las cosas y mueren a sus intereses personales. En definitiva, la clase de vida del Reino es una realidad experimental para ellos.

Seguidamente analizarás algunos pasajes bíblicos que te mostrarán la participación de la Iglesia en su labor de atraer a las personas hacia Jesucristo.

EL PUNTO DE ATRACCIÓN

2.

Según Juan 12:31-33, ¿qué sucedería cuando colgaran a Jesús en la cruz?

a. Desanimaría a todos

b. Llegaría su fin

c. Atraería a todos hacia Él

3.

De acuerdo con Mateo 5:14-16, ¿qué debe hacer la Iglesia con su luz?

a. Hacerla brillar delante de todos

b. Cuidarla para que no se apague

c. Orar para saber cuándo debe exponerla

El objetivo de Jesús al morir en la cruz fue atraer hacia Él a todos los seres humanos para que sean salvos. Ahora bien, si Él es quien atrae, ¿la Iglesia tendrá alguna participación en esa atracción? ¡Claro que sí! La luz que la Iglesia refleja no se origina en sí misma. El Señor es la luz de la Iglesia, para que ella se vea como una ciudad sobre una colina, que atrae a todos hacia Jesucristo, porque Él brilla en y a través de ella.

Así como un imán tiene la fuerza magnética para atraer a un metal, la Iglesia, por la fuerza del Espíritu, es la única que puede atraer hacia Jesucristo a quienes hoy le dan la espalda. El *magnetismo divino* de la Iglesia es la luz de Jesús en ella. No depende de sus abundantes recursos, ni de la excelencia de los programas que desarrolla, sino de la plenitud de la vida de Cristo que se manifiesta al mundo a través de ella. Esto no quiere decir que la Iglesia sea improvisada o mediocre en su tarea. El Señor merece la excelencia en todo lo que sus hijos hacen, porque de esa manera ellos también reflejan a Cristo. Pero lamentablemente un alto porcentaje de la Iglesia se apoya más en proyectos y estrategias que en creyentes llenos de la vida de Cristo. Si bien es cierto los recursos y los programas tienen su importancia, nada de eso puede brindarle a la Iglesia el magnetismo que solo la vida de Cristo produce y que atrae al mundo hacia Él.

Desde que Jesucristo creó a su Iglesia, la hizo su cuerpo con el propósito de expresarse en la Tierra solamente por medio de ella. Por consiguiente, la Iglesia es el imán que sirve como *el punto de atracción* para atraer a todos hacia Jesucristo.

Hay un sustento irreemplazable para el magnetismo divino de la Iglesia:

²⁰ No pido sólo por ellos, sino también por los que creerán en mí cuando escuchen su mensaje. ²¹ Te pido que se mantengan unidos entre ellos, y que así como tú y yo estamos unidos, también ellos se mantengan unidos a nosotros. Así la gente de este mundo creerá que tú me enviaste. ²²⁻²³ Yo les he dado a mis seguidores el mismo poder que tú me diste, con el propósito de que se mantengan unidos. Para eso deberán permanecer unidos a mí, como yo estoy unido a ti. Así la unidad entre ellos será perfecta, y los de este mundo entenderán que tú me enviaste, y que los amas tanto como me amas tú.

Juan 17:20-23, TLA

4.

¿Cómo debe ser la Iglesia para que el mundo entienda que Jesucristo fue el enviado de Dios?

a. Una Iglesia que tenga grandes ministerios

b. Una Iglesia que tenga una unidad perfecta

c. Una Iglesia que tenga muchos programas de ayuda social

La obediencia a la revelación del Espíritu proporciona una mayor madurez espiritual a la Iglesia, y esa madurez produce una mayor unidad. Ambas cosas demuestran que Cristo está siendo formado en la Iglesia, y cuando esto ocurre, aumenta su magnetismo divino. Hay dos maneras en las que se puede ver a la Iglesia en el presente; como un grupo de cristianos dispersos en el mundo que luchan por vencer sus debilidades, o como el cuerpo de Cristo que manifiesta plenamente al Señor para que más y más personas lo conozcan como la verdad. Para ello es necesario que aumente el magnetismo de la Iglesia, y la única manera es que sus miembros vivan en la perfecta unidad del Espíritu. Esa fue la visión profética de Jesús cuando oró al Padre con fe y autoridad: *"... Así la unidad entre ellos será perfecta, y los de este mundo entenderán que tú me enviaste..."* (v. 23b).

El colaborador siempre hará su labor teniendo la misma visión profética de Cristo. Con esa visión vislumbra que aquellos con los que trabaja se transforman en colaboradores, que se invierten por entero en la vida de otras personas. Realiza su labor con la fe y la seguridad de que habrá fruto de su trabajo. La honra más anhelada por el colaborador es escuchar a Jesús decir: *"... ¡Hiciste bien, siervo bueno y fiel!..."* (Mateo 25:23a).

Declaración profética para la Iglesia de Jesucristo,
que va *más allá del liderazgo:*

Por el magnetismo divino que Cristo le dio, la Iglesia se levanta como una ciudad asentada sobre una colina, para que sea vista desde los cuatro puntos cardinales. Ella manifiesta a Cristo con esplendor y gloria, y gente de todos los pueblos, razas y naciones ruegan al Padre diciendo: ¡Que Cristo sea formado en nosotros!

CONCLUSIÓN

¡Cuánto descubriste en el recorrido de este manual! Todo comenzó al conocer que las personas son el tesoro especial de Dios. Quienes se convierten en sus hijos experimentan un proceso a través del cual Él comienza a formar a Cristo en ellos. Como parte de este plan, el Señor quiere llevar a cabo un proyecto: que cada creyente llegue a ser un colaborador directo suyo, como un socio en el negocio celestial, para que su Reino se haga evidente en las personas.

El camino de los colaboradores requiere una entrega absoluta al Señor y una disposición total. Él quitará toda evidencia del gobierno del alma, para que la vida de Cristo sea plena en ellos. Los llevará a ser hombres y mujeres con un mismo corazón y una sola mentalidad, es decir, que caminen en un mismo espíritu para ser ejemplo a quienes ministran.

El colaborador está involucrado en la sociedad más importante que existe, y sabe que no llegó a ser socio del Señor por sus cualidades personales, sino por la naturaleza de Cristo en él. Está interesado en conseguir los intereses más "jugosos" en este negocio: *que otros creyentes lleguen a ser colaboradores directos de Dios.* Sabe que invertirse en la vida de sus hermanos, es sinónimo de reproducirse en otros colaboradores. De esta manera, llegará a cumplirse el *proyecto colaboradores*, diseñado por Dios.

Ha llegado un tiempo nuevo para ti; ahora eres *un colaborador conquistado por la perspectiva divina*. Tienes el privilegio de ser llamado por el Señor a ser un colaborador que va... *más allá del liderazgo.*

LA PARÁBOLA DEL COLABORADOR

Hemos parafraseado una conocida parábola del Señor, y con "licencia divina", la transformamos en *la parábola del colaborador*. Medita en ella, con el objetivo de que sea como un lema en tu tarea:

**"El colaborador salió a sembrarse en otros;
y mientras lo hacía,
una parte de su siembra
cayó junto al camino,
fue pisoteada por la razón
y vinieron las aves de la incomprensión
y se la comieron.
Otra parte cayó sobre la piedra,
donde no había mucha tierra;
y brotó pronto,
pero al despuntar el sol de las emociones,
el calor del temor la quemó,
y porque no tenía la raíz
de un compromiso incondicional, se secó.
Otra parte cayó entre espinos,
y los espinos del buen pasar
que nacieron junto con ella,
la ahogaron.
Y otra parte cayó en buena tierra,
y la formación floreció,
produciendo un nuevo colaborador
que llevó fruto a ciento por uno.
El que tiene oídos para oír, oiga.**

RESPUESTAS

UNIDAD 1:

Definición 1:
1. Posesión exclusiva
2. a-c-d
3. b
Definición 2:
4. Reino de sacerdotes
Definición 3:
5. El gobierno de Dios
6. a
7. b
8. b

PRIMER CONCEPTO APLICABLE HOY:
Un pueblo que es posesión exclusiva de Dios está conformado por un reino de sacerdotes, por quienes se manifiesta en el mundo el gobierno de Dios.

UNIDAD 2:

1. a
2. a
3. b
4. b
5. a
6. c
7. b

8. b
9. a
10. b
11. a
12. a
13. b
14. b
15. a

UNIDAD 3:

1. a-c-d-f-h-i-j
2. b
3. a
4. b
5. a
6. a
7. a
8. b
9.
   1.   Un Reino único para manifestar: El Reino de los cielos
   2.   Agente de manifestación: La Iglesia
   3.   Ministros designados para capacitar al agente: Los cinco ministerios
   4.   Trabajadores competentes: Los colaboradores

UNIDAD 4:

1. b
2. c
3. b
Definición 1:
4. Su motivación
Definición 2:

5. Su actitud
Definición 3:
6. Su entrega

SEGUNDO CONCEPTO APLICABLE HOY:

El corazón del colaborador está conformado por su motivación, su actitud y su entrega.

Definición 1:
7. Su humildad
Definición 2:
8. Su conducta
Definición 3:
9. Su convicción

TERCER CONCEPTO APLICABLE HOY:

El espíritu del colaborador se destaca por su humildad, su conducta y su convicción.

Definición 1:
10. La mente de Cristo
Definición 2:
11. La ciudadanía celestial
Definición 3:
12. La cultura del Reino
Definición 4:
13. Prioridad

CUARTO CONCEPTO APLICABLE HOY:

El colaborador ejercita la mente de Cristo y expresa la ciudadanía celestial al actuar por la cultura del Reino, teniendo como prioridad a Cristo.

UNIDAD 5:

Definición 1:
1. b
2. Alcanzar madurez
Definición 2:
3. c
4. Sabiduría espiritual
Definición 3:
5. a
6. Impartir la revelación

QUINTO CONCEPTO APLICABLE HOY:
El colaborador necesita alcanzar madurez, para vivir con sabiduría espiritual y así impartir la revelación de todo lo que se le ha concedido.

Definición 1:
7. El que no tiene el Espíritu
Definición 2:
8. El inmaduro
Definición 3:
9. El espiritual

SEXTO CONCEPTO APLICABLE HOY:
El colaborador experimenta un proceso que incluye haber sido el que no tiene el Espíritu, entrar al Reino como el inmaduro, y en su madurez ser el espiritual.

10. b
11. b
12. b

UNIDAD 6:

1. (Todas)
2. a
3. c
4. c
5. a
6. b

Definición 1:
7. Crecer en gracia
Definición 2:
8. Digno de confianza
Definición 3:
9. Las riquezas verdaderas

SÉPTIMO CONCEPTO APLICABLE HOY:
El colaborador debe crecer en gracia y ser digno de confianza, para administrar las riquezas verdaderas.

10. c
11. a

UNIDAD 7:

1. b
2. c
3. a
4. a
5. a
6. c
7. b
Definición 1:

8. La naturaleza divina
Definición 2:
9. Cualidades espirituales
Definición 3:
10. No caerá jamás

OCTAVO CONCEPTO APLICABLE HOY:
El colaborador tiene parte en la naturaleza divina, y al abundar en cualidades espirituales, no caerá jamás.

UNIDAD 8:

1. b
2. c
3. b
4. c
5. a
6. c
7. b
8. c
9. a
10. b
11. a
12. c
13. c
14. a
15. b
16. b
17. a
18. c
Definición 1:

19. Doctrina apostólica
Definición 2:
20. Mentalidad de enviado
Definición 3:
21. Enseñanza revelada
Definición 4:
22. Modelo de vida

NOVENO CONCEPTO APLICABLE HOY:
El colaborador imparte doctrina apostólica, ejercita la mentalidad de enviado, comparte la enseñanza revelada y es modelo de vida.

UNIDAD 9:

1. b
Definición 1:
2. Hacer la voluntad divina
Definición 2:
3. Depender de la autoridad
Definición 3:
4. Estar enfocado en el propósito divino
Definición 4:
5. Amor a las personas

DÉCIMO CONCEPTO APLICABLE HOY:
Las marcas internas del colaborador son hacer la voluntad divina, depender de la autoridad, estar enfocado en el propósito divino y tener amor a las personas.

Definición 1:
6. La clase de vida del Reino
Definición 2:

7. Su interés
Definición 3:
8. Ejemplo

UNDÉCIMO CONCEPTO APLICABLE HOY:
Las marcas externas de un colaborador son la clase de vida del Reino, su interés por quienes el Señor está formando y su ejemplo de vida para cada uno de ellos.

UNIDAD 10:

1. b
2. c
3. a
4. b

BIBLIOGRAFÍA

- *La Santa Biblia, Nueva Traducción Viviente*, © Tyndale House Foundation, Carol Stream, IL, 2010.
- *Reina-Valera 1960*, © Sociedades Bíblicas Unidas, 19.
- *Reina Valera Contemporánea*, © Sociedades Bíblicas Unidas, 2009, 2011.
- *Biblia Traducción Lenguaje Actual*, © Sociedades Bíblicas Unidas, 2000
- *Biblia Plenitud*, Nashville, Caribe, 1994.
- *Diccionario enciclopédico conciso ilustrado*, México, Ediciones Larousse, 2001.
- García-Pelayo Ramón, *Diccionario usual*, México, Ediciones Larousse, 2000.
- Strong, James, *Nueva Concordancia Strong Exhaustiva*, Editorial Caribe, Nashville, TN, Miami, Florida, EE. UU., 2002.
- Vine, W. E., *Diccionario Expositivo de palabras del Nuevo Testamento*, Editorial Clie, Viladecavalls, Barcelona, España, 1984, página 133.

ACERCA DE LOS AUTORES

Daniel Dardano, Daniel Cipolla y Hernán Cipolla integran, junto con sus esposas, el Ministerio Generación en Conquista desde el año 1997. Sirven a la Iglesia de Jesucristo en varios países, brindando atención a los pastores y sus familias, y enseñando a los creyentes a vivir en plenitud la verdad de la Palabra de Dios. Los autores tienen la convicción de que la Iglesia es la única que representa a Cristo en el mundo y muestra en la práctica la realidad del Reino, por lo que su mayor deseo es que Cristo sea formado en los creyentes. Por esta razón, a través de su trabajo escrito quieren aportar herramientas que sean usadas por el Espíritu Santo para que se cumpla ese objetivo.

Si quieres saber más acerca de los autores o del ministerio que realizan, visita:

www.generacionenconquista.org

NIKHOS IDEAS

Ideas que transforman gente
es nuestro lema y estamos trabajando
para cumplir ese objetivo eficazmente.

Nos agradaría mucho recibir
tus preguntas y comentarios.

Escríbenos a: contacto@nikhosideas.org

También puedes visitar: www.nikhosideas.org

www.ingramcontent.com/pod-product-compliance
Lightning Source LLC
LaVergne TN
LVHW061257060426
835508LV00015B/1402